NIVEL

3

COLECCIÓN **LEER EN ESPAÑOL**

Don Quijote de la Mancha I

Miguel de Cervantes

SANTILLANA ESPAÑOL

Universidad de Salamanca

La colección LEER EN ESPAÑOL ha sido concebida,
creada y diseñada por el Departamento de Idiomas
de Santillana Educación, S. L.

La adaptación de la obra *Don Quijote de la Mancha I*, de Miguel de Cervantes, para el Nivel 3 de esta colección, es de **Rosana Acquaroni.**

Dirección y coordinación del proyecto: **Aurora Martín de Santa Olalla**
Actividades: **Lidia Lozano**
Edición: **M.ª Antonia Oliva**

Dirección de arte: **José Crespo**
Proyecto gráfico: **Carrió/Sánchez/Lacasta**
Ilustración de capítulos: **Jorge Fabián González**
Ilustración de mapa: **Jorge Arranz**
Jefa de proyecto: **Rosa Marín**
Coordinación de ilustración: **Carlos Aguilera**
Jefe de desarrollo de proyecto: **Javier Tejeda**
Desarrollo gráfico: **José Luis García, Raúl de Andrés**

Dirección técnica: **Ángel García**
Coordinación técnica: **Marisa Valbuena**
Confección y montaje: **José Luis Serrano**
Cartografía: **José Luis Gil**
Corrección: **Ángeles García**
Documentación y selección de fotografías: **Mercedes Barcenilla**
Fotografías: **J. Lucas; M. Sánchez; O. Torres; ORONOZ; J. E. Casariego; REAL ACADEMIA ESPAÑOLA DE LA LENGUA, MADRID; ARCHIVO SANTILLANA**

Grabaciones: **Textodirecto**

Torrelaguna, 60. 28043 Madrid
En coedición con Ediciones de la Universidad de Salamanca

Dados Internacionais de Catalogação na Publicação (CIP)
(Câmara Brasileira do Livro, SP, Brasil)

Cervantes Saavedra, Miguel de, 1547-1616.
Don Quijote de la Mancha I / Miguel de Cervantes. — 1. ed. — São Paulo : Moderna, 2013. — (Colección Leer en Español)

1. Romance espanhol I. Título. II. Série.

13-13018 CDD-863.64

Índices para catálogo sistemático:
1. Romances : Literatura espanhola 863.64

ISBN: 978-85-16-09134-7
CP: 125207

SANTILLANA ESPAÑOL
SANTILLANA EDUCAÇÃO LTDA.
Rua Padre Adelino, 758, 3º andar — Belenzinho
São Paulo — SP — Brasil — CEP 03303-904
www.santillanaespanol.com.br
2025

Impresso no Brasil

Log&Print Gráfica, Dados Variáveis e Logística S.A.
Lote: 797299
Código: 12091347

ÍNDICE

Cervantes y su obra

Miguel de Cervantes Saavedra (1547-1616) es el escritor más importante de la literatura española. Es, además, el autor español más conocido fuera de España.

En tiempos de Cervantes, España es un país cada vez más pobre y menos fuerte. Y el escritor vive la historia española en su propia carne: toma parte en las guerras contra los turcos y pierde una mano en la batalla de Lepanto. Pasa cinco años en Argel como prisionero de guerra. Ya de vuelta a España, solo consigue trabajos que apenas le dan dinero. En 1597 ingresa unos meses en la cárcel de Sevilla por problemas económicos. Allí empieza, posiblemente, a pensar en su famosa y gran novela *El ingenioso hidalgo don Quijote de la Mancha.*

Además de esta, Cervantes escribe, entre otras obras, las *Novelas ejemplares.* Estas se abren con sus famosas palabras: «Yo soy el primero que ha escrito novelas en lengua española».

Don Quijote de la Mancha

Es, sin duda, su obra más importante. Tiene dos partes: la primera se publicó en 1605 y tuvo mucho éxito desde el principio. La segunda apareció en 1615. Las dos partes son muy distintas, aunque poseen una estructura parecida. Después de los primeros capítulos, al protagonista le ocurren muchas aventuras. A la mitad del libro, los dos personajes principales se quedan en un lugar concreto (la venta, en la primera parte y el palacio de los duques, en la segunda). Y al final, don Quijote, triste y cansado, vuelve a su casa acompañado de su escudero.

Los protagonistas de la novela son don Quijote y Sancho Panza. El primero es un hidalgo pobre de un pueblo de la Mancha que se vuelve loco por leer libros de caballerías y decide hacerse caballero andante. El segundo es un campesino de su misma aldea que será su escudero y lo acompañará en casi todas sus aventuras.

La intencionalidad de *El Quijote*

Cervantes dice en su libro que escribe *El Quijote*, como se conoce popularmente su obra, para reírse de los libros de caballerías. Sin embargo, desde el Romanticismo esta novela se ha entendido, sobre todo, como una defensa de los grandes ideales del ser humano: la libertad, la valentía, la justicia y el amor, en un mundo donde ya se habían perdido. Además, *El Quijote* es un maravilloso retrato de la vida y de la sociedad española de su tiempo.

Las formas de tratamiento en *El Quijote*

Las formas de tratamiento en el español de los siglos XVI y XVII eran distintas a las actuales:

1. En lugar de *usted*, para el trato cortés se usaba *vuestra merced* (plural: *vuestras mercedes*) con el verbo en tercera persona: «¿Qué habitación busca vuestra merced?» (en vez de: «¿Qué habitación busca usted?»). De *vuestra merced* suele tratar Sancho a don Quijote.

2. En lugar de *tú*, para el trato entre iguales o para dirigirse a un inferior se usaba *vos* con el verbo en segunda persona del plural. *Vos* tiene siempre un matiz de cortesía: «Vos sois un majadero y un mal ventero» (en vez de: «Tú eres un majadero y un mal ventero»). Don Quijote suele tratar de *vos* a los labradores o a sus enemigos.

En plural se usaba *vosotros*, con el verbo en segunda persona del plural: «Perdonadme, hermosas damas».

3. *Tú* se utilizaba solamente en el trato muy familiar o con gente muy inferior: «¡Tú eres el escudero con más suerte del mundo!». De *tú* trata normalmente don Quijote a Sancho.

LA ESPAÑA DE
DON QUIJOTE DE LA MANCHA I
FRANCIA
ESPAÑA
OCÉANO ATLÁNTICO
PORTUGAL
Mar Mediterráneo
Canarias
MARRUECOS
ARGELIA
Río Tajo
CASTILLA
Toledo
Quintanar de la Orden
El Toboso
Puerto Lápice
Río Guadiana
LA MANCHA
CAMPO DE MONTIEL
SIERRA MORENA
Río Betis o Guadalquivir
Murcia
ANDALUCÍA
Sevilla
MAR MEDITERRÁNEO

CAPÍTULO I

EL FAMOSO Y VALIENTE[1] HIDALGO[2] DON QUIJOTE DE LA MANCHA

En un lugar de la Mancha, de cuyo nombre no quiero acordarme, no hace mucho tiempo vivía un hidalgo que tenía una lanza[3], un escudo[4] antiguo, un rocín[5] flaco[6] y un galgo[7] corredor.

Gastaba las tres cuartas partes de su dinero en poder comer cocido con más vaca que cordero y, como plato especial, algún pollo los domingos.

Vivían con él un ama[8] de unos cuarenta años, una sobrina que no llegaba a los veinte y un mozo[9] que le servía para todo.

Nuestro hidalgo tenía unos cincuenta años y era fuerte, pero muy delgado. Algunos dicen que se llamaba Alonso *Quijada*, o *Quesada*, aunque parece que su verdadero apellido era *Quijana*.

La mayor parte del tiempo este hidalgo leía libros de caballerías[10] con gran pasión y gusto. Así olvidó el ejercicio de la caza y el cuidado de sus tierras y su dinero. Para poder seguir comprando libros, tuvo que vender parte de sus tierras. Muchas veces quiso escribir él mismo el final de alguno de ellos. Y en muchas ocasiones discutía con el cura de su pueblo, o con don Nicolás, el barbero[11], sobre quién era el mejor caballero[12].

Nuestro hidalgo casi no dormía y leía la noche entera. Y así fue como, por leer mucho y dormir poco, se le secó el cerebro[13]. Y se llenó la cabeza de fantasías, batallas[14] y amores imposibles. Pensaba que era verdad todo lo que leía. Para él no había historias más ciertas en el mundo que las historias de caballerías.

Un buen día tuvo la loca idea de hacerse caballero andante[15] para servir así a su país. Iba a ir por todo el mundo con sus armas y su caballo en busca de aventuras. De esta manera, pensaba alcanzar nombre y fama[16] para siempre.

Con estos agradables pensamientos, nuestro hidalgo se dio prisa y preparó su plan. Primero, limpió unas viejas armas de sus bisabuelos que estaban olvidadas en un rincón. Pero enseguida se dio cuenta de que el casco de la armadura[17] no tenía visera[18]. Hizo entonces una visera de cartón. Para probar si esta era fuerte y no se rompía, sacó su espada[19] y le dio dos golpes. Así deshizo en un momento todo el trabajo de una semana. Para sentirse más seguro, decidió fabricarla de nuevo y en esta ocasión le puso unos trozos de hierro por dentro.

Luego, fue a ver a su débil caballo, que a él le parecía mejor que Babieca, el caballo del Cid[20]. Tardó cuatro días en llamarlo Rocinante, nombre, en su opinión, elegante y musical, perfecto para el caballo de un caballero tan importante como él.

Nuestro hidalgo quiso también buscar un nombre para sí mismo. Después de pensar mucho durante ocho días, decidió llamarse don Quijote. Se acordó, entonces, de que el valiente Amadís[21] se llamaba Amadís *de Gaula*. Y por esta razón, nuestro buen caballero quiso también acompañar su nombre y llamarse don Quijote *de la Mancha*.

Después de todo esto, solo le faltaba buscar una dama[22] para enamorarse. Pensaba él que un caballero andante sin amores es un árbol sin hojas y sin fruto, un cuerpo sin alma[23].

Y así fue como, por leer mucho y dormir poco, se le secó el cerebro.

Se decía don Quijote:

–Si yo me encuentro por ahí con un gigante[24] y le* gano en singular[25] batalla, debo tener una dama a quien enviárselo como regalo.

Y parece que don Quijote había estado enamorado de una buena moza[26] del Toboso, un pueblo vecino, aunque ella nunca lo supo. Se llamaba Aldonza Lorenzo. A don Quijote le pareció bien hacerla señora de sus pensamientos y buscarle un nombre elegante y musical, de princesa o gran dama. Y así, decidió llamarla Dulcinea del Toboso.

---

* Se ha respetado el *leísmo* del autor. Este fenómeno consiste en el uso de *le* (pronombre complemento indirecto) en lugar de *lo* (pronombre complemento directo) para referirse a un objeto directo de persona de sexo masculino. Este empleo, que aparece en la literatura desde la Edad Media, se produce sobre todo en Castilla y León. Ha llegado hasta nuestros días y está admitido por la Real Academia Española.

CAPÍTULO II

PRIMERA SALIDA: DON QUIJOTE ES ARMADO CABALLERO[27]

Y así, en secreto[28], sin decir nada a nadie, una mañana del mes de julio, don Quijote tomó todas sus armas, se subió sobre Rocinante y se colocó aquel extraño casco. Después, salió al campo por la puerta del corral[29]. Nuestro hidalgo estaba muy contento. Le parecía fácil empezar su aventura.

Pero, de repente, tuvo un pensamiento horrible que casi le hace dar la vuelta[30]. Se dio cuenta de que todavía no había sido armado caballero. Esto quería decir que ni podía ni debía pelear con otros caballeros. Sin embargo, era más fuerte su locura que otra razón y decidió seguir su camino. Se dijo:

–Quizá, cuando me cruce en el camino con algún caballero, este me podrá armar. Así ocurre muchas veces en los libros de caballerías.

Mientras caminaba, nuestro aventurero decía muchos disparates[31]:

–¡Oh tú, encantador[32], que contarás mis famosas aventuras, no te olvides de mi buen Rocinante, compañero en todos mis caminos!

Y luego, gritaba como un verdadero enamorado:

–¡Oh princesa Dulcinea, señora de este triste corazón! ¡Mucho daño me habéis hecho! No he podido veros ni despedirme de vos. ¡Acordaos de mí, que tanto sufro[33]!

Anduvo casi todo el día, pero no encontró ninguna aventura en el camino. Al anochecer, Rocinante y él se encontraban cansados y muertos de hambre. No sabían adónde ir. Nuestro hidalgo miraba a todas partes. Buscaba algún lugar para descansar. Entonces, don Quijote vio, no lejos de allí, una venta[34] que a él le parecía castillo y se dio prisa para llegar cuanto antes.

En la puerta de la venta, había, por casualidad, dos mozas de mala vida[35] que a don Quijote le parecieron dos graciosas damas. Cuando esas mujeres vieron llegar a don Quijote con aquellas viejas armas, se asustaron mucho. Las dos ya estaban entrando en la venta para esconderse, cuando don Quijote les dijo:

–No tengáis miedo, elegantes doncellas[36]. Yo soy caballero andante y no os puedo hacer ningún mal.

Las dos mujeres empezaron a reírse cuando oyeron que aquel hombre las llamaba doncellas. Esto enfadó mucho a don Quijote y dijo:

–Señoras, debéis saber que reírse sin motivo es cosa de tontos.

Estas palabras y el aspecto de nuestro caballero hacían reír más a tan alegres mozas y su risa enfadaba cada vez más al hidalgo. Por suerte, salió el ventero[37], que era un hombre tan gordo como tranquilo. Al principio, también él tuvo ganas de reírse de don Quijote. Sin embargo, se dio cuenta de las armas que traía y decidió hablarle con cuidado:

–Si vuestra merced, señor caballero, busca lugar para pasar la noche, aquí tenéis todo, menos camas.

Para don Quijote aquel ventero era el dueño del castillo y le parecían bien todas sus palabras. Mientras el ventero llevaba a Rocinante hasta la cuadra[38], las dos *doncellas* intentaban quitarle la armadura a don Quijote. Después de mucho trabajo, no consiguieron sacarle el casco de la cabeza a nuestro caballero, así que se quedó con él puesto toda la noche.

Don Quijote pensaba que aquellas mozas eran dos importantes damas del castillo y les dijo muy elegante:

> –«Nunca hubo caballero
> de damas tan bien servido
> como lo fue don Quijote
> cuando de su aldea[39] vino:
> doncellas cuidaban de él,
> princesas, de su rocino»[40],

o Rocinante, señoras mías, porque este es el nombre de mi caballo, y don Quijote de la Mancha es el mío.

Pusieron la mesa a la puerta de la venta y le trajeron a nuestro hidalgo un plato de bacalao mal preparado con un pan tan negro y sucio como sus armas. Era gracioso ver comer al pobre don Quijote. Con aquel casco, no podía meterse nada en la boca sin la ayuda de las dos mozas. Tampoco podía beber y tuvieron que usar una caña[41] para conducir el vino hasta sus labios.

Mientras todo esto ocurría, llegó a la venta un castrador[42] de cerdos que tocó cuatro o cinco veces su silbato[43]. Para don Quijote todo estaba ya claro: aquello era la música que acompañaba al buen pescado y al pan blanco. Las dos mozas para él eran damas y el ventero era el señor del castillo.

Pero a don Quijote le preocupaba mucho no ser armado caballero. Por eso, cuando terminó la cena, llamó al ventero y se metió con él en la cuadra. Luego, se puso de rodillas[44] delante de él y le dijo:

–No me levanto de aquí, valiente caballero, si no sé que me vais a dar lo que os pido.

El ventero lo miraba y no sabía qué hacer ni qué decir.

–Quiero que mañana mismo, sin perder un momento –le pidió don Quijote–, me arméis caballero. Así podré ir por el mundo y buscar aventuras como caballero andante. Pero antes tendré que velar[45] las armas durante toda la noche en la iglesia de vuestro castillo.

Después de oír estas palabras, el ventero ya no dudaba de la locura de don Quijote y decidió seguir con la mentira. Le explicó que allí no había iglesia para velar las armas, pero que las podía velar en un patio del castillo. Le preguntó que si traía dinero. Don Quijote contestó que no, porque él nunca había leído en las historias de los caballeros andantes que estos necesitaban llevar dinero. El ventero le explicó que en eso se equivocaba: los caballeros andantes siempre llevaban dinero, camisas limpias y una cajita llena de medicinas para curar las heridas que recibían. Nuestro hidalgo le prometió al ventero seguir sus consejos. Luego, puso todas las armas junto a un pozo[46]. Tomó su escudo y su lanza, y muy elegante empezó a pasearse alrededor del pozo.

Así se hizo de noche, aunque la luna era muy clara y parecía un sol que daba luz a nuestro nuevo caballero. Uno de los arrieros[47] que estaba en la venta quería dar agua a sus animales. Para ello, quitó las armas de don Quijote, que estaban cerca del pozo.

–¡Oh tú, mal caballero, que tocas las armas del más valiente andante con espada! –dijo don Quijote–. ¡Piensa qué haces, y no las toques más si no quieres perder la vida!

El arriero no le hizo caso y tiró las armas. Don Quijote levantó los ojos hacia el cielo, dejó el escudo, tomó la lanza con las dos manos y le dio al arriero un fuerte golpe en la cabeza. El hombre quedó herido en el suelo. Don Quijote recogió sus armas y empezó a pasearse de nuevo alrededor del pozo. Pero llegó otro arriero y le tiró otra vez las armas. Don Quijote levantó la lanza y le abrió también la cabeza al segundo arriero. Sus compañeros, que lo habían visto todo, empezaron a tirar piedras a don Quijote que daba grandes voces contra ellos.

El ventero, con sus buenas palabras, paró la lluvia de piedras sobre nuestro caballero. Después de sacar del patio a los heridos, don Quijote volvió a velar sus armas. Estaba tan tranquilo como al principio.

Pero el ventero quería terminar enseguida con todo aquello. Pidió perdón a don Quijote, le explicó que no era necesario velar más tiempo las armas y que ya podía ser armado caballero. Entonces, el ventero acompañado por las dos mozas se acercó a nuestro hidalgo. Luego, le mandó ponerse de rodillas. Levantó la mano y le dio primero un buen golpe sobre el cuello y después otro en la espalda.

–Que Dios le dé mucha suerte, caballero –dijo una de las mozas mientras le colocaba la espada a don Quijote.

Don Quijote le preguntó que cómo se llamaba.

–Me llamo la Tolosa y soy de Toledo –respondió esta.

Nuestro caballero le dijo que desde ese día se llamaba doña Tolosa. Luego, le preguntó su nombre a la otra dama. Se llamaba la Molinera y era de Antequera.

–Desde ahora te llamas doña Molinera –dijo don Quijote.

Después de la ceremonia[48], don Quijote se subió a Rocinante y le dio las gracias al ventero. Este también se despidió de don Quijote y sin pedirle dinero, le dejó marchar.

CAPÍTULO III

AVENTURA DE ANDRÉS

DON Quijote salió de la venta muy contento porque ya había sido armado caballero. Pero se acordó de los consejos del ventero: sobre todo, llevar siempre camisas y dinero. Y decidió volver a su casa. Además, quería buscar un escudero[49]. Pensó para este oficio en su vecino, un labrador[50] pobre y con hijos. Con este pensamiento, condujo a Rocinante hacia su aldea. El caballo tenía muchas ganas de llegar y al caminar, parecía que no ponía los pies en el suelo.

No había andado mucho cuando don Quijote oyó unas voces que salían de un bosque próximo.

–Le doy gracias al cielo porque me regala ocasiones para practicar mi profesión. Estas voces son, sin duda, de alguien que necesita mi favor y ayuda.

Don Quijote llevó a Rocinante hacia ese lugar y se metió en el bosque. Allí encontró a un muchacho que estaba atado a un árbol. Tenía unos quince años y gritaba porque un labrador le estaba dando golpes con un cinturón. El labrador acompañaba cada golpe con un consejo:

–Menos hablar y más observar.

Y el muchacho respondía:

–No lo haré más, mi señor. Desde hoy prometo tener más cuidado con el rebaño[51].

Nuestro buen caballero, cuando vio aquello, levantó la voz y dijo:

–Mal caballero, no está bien golpear a alguien que está atado y no se puede defender[52]. Subid sobre vuestro caballo y tomad vuestra lanza.

El labrador, al ver a don Quijote lleno de armas, sintió el peligro y con buenas palabras, le contestó:

–Señor caballero, este muchacho es mi criado[53] Andrés, que me guarda el rebaño. Pero no lo cuida bien y cada día me falta una oveja. Él dice que soy un mal amo[54] porque no quiero pagarle su trabajo. Pero yo digo que miente.

–¿Mentir delante de mí? ¡Qué estáis diciendo! Debéis pagarle y desatarle enseguida, si no queréis morir.

El labrador bajó la cabeza y en silencio desató a su criado. Don Quijote, entonces, le preguntó al muchacho que cuánto le debía su amo. El chico contestó que nueve meses de trabajo.

–Pero es que, señor caballero –dijo el labrador–, yo no tengo aquí dinero. Andrés, ven a mi casa conmigo. Allí te voy a pagar.

–¿Irme yo con él? –dijo el muchacho–. ¡No, señor! ¡Nunca! Seguro que cuando esté solo, me quita la piel a trozos.

–No hará eso. Si yo se lo mando, cumplirá mi orden, porque también es caballero –contestó don Quijote.

–Vuestra merced, mi amo no es caballero. Es Juan Haldudo[55] el rico, el vecino del Quintanar.

–Eso no importa –contestó don Quijote– porque los Haldudos también pueden ser caballeros. Cada uno es hijo de sus obras[56].

–Eso es verdad –dijo Andrés–, pero mi amo ¿de qué obras es hijo si no me quiere pagar?

Y el labrador repetía que iba a pagar a su criado.

–Si no lo hacéis –dijo don Quijote–, os prometo que volveré para buscaros y castigaros[57]. Si queréis saber quién os manda esto, sabed que yo soy el valiente don Quijote de la Mancha.

Después de decir estas palabras, se alejó sobre Rocinante. El labrador le siguió con los ojos. Cuando vio que don Quijote salía del bosque y ya no le veía, le dijo a su criado Andrés:

–Venid aquí, hijo mío. Os quiero pagar como me ordenó el caballero.

Entonces, le tomó del brazo, le ató otra vez al mismo árbol y empezó a golpearle muy fuerte. Casi le mata.

–Llamad, señor Andrés, ahora a don Quijote –decía el labrador.

Al fin, le desató y le dejó marchar. Andrés se fue triste y enfadado a buscar al valiente don Quijote de la Mancha. Quería contarle con todo detalle lo que había pasado. Pero la verdad es que, al irse, él lloraba y su amo reía.

Mientras todo esto ocurría, el valiente don Quijote caminaba hacia su aldea. Estaba contentísimo porque le parecía que su vida de caballero había tenido un buen principio.

CAPÍTULO IV

AVENTURA DE LOS MERCADERES[58]

DON Quijote llegó a un camino que en cuatro se dividía y se quedó un rato quieto, como hacían los caballeros andantes, para pensar qué camino debía tomar. Al final, le dejó decidir a Rocinante y este tomó el camino que conducía a su cuadra.

Después de andar unas dos millas[59], don Quijote se encontró con un grupo de mercaderes de Toledo. Iban a comprar seda a Murcia. Los acompañaban cuatro criados que iban a caballo y tres mozos a pie. Cuando don Quijote los vio, imaginó que todos eran caballeros y supo que iba a vivir una nueva aventura. Nuestro hidalgo los esperó en la mitad del camino. Cuando estuvieron cerca, don Quijote levantó la voz y les dijo:

–Que todo el mundo se pare, si todo el mundo no dice que no hay doncella más hermosa en el mundo que la Emperatriz[60] de la Mancha, mi señora Dulcinea del Toboso.

Uno de ellos le dijo:

–Señor caballero, nosotros no conocemos a esa buena señora que decís. Mostrádnosla y si es de verdad tan hermosa, haremos lo que nos pedís.

–Si os la muestro –contestó don Quijote–, ¿qué importancia tiene aceptar una verdad tan evidente? Debéis creer y decir sin ver. Si no lo hacéis, aquí os espero, seguro de tener razón, para empezar la batalla.

–Señor caballero –contestó el mercader–, pido a vuestra merced que nos enseñe algún retrato grande o pequeño de esa señora. Sabed que estamos de acuerdo con vos. Por eso, no nos importa si la dama tiene un ojo o tiene dos. Nosotros diremos lo que vuestra merced quiere oír.

–¿Qué decís? ¿Que tiene un solo ojo mi señora Dulcinea? Mal hombre, vais a pagar la gran mentira que habéis dicho –respondió don Quijote muy enfadado.

Mientras decía esto, nuestro valiente caballero levantó su lanza y se fue contra el mercader. Pero tuvo mala suerte y en mitad del camino Rocinante tropezó[61], se cayó al suelo y con él don Quijote. Nuestro valiente caballero intentaba levantarse, pero no podía por el peso de las antiguas armas.

–No escapéis, gente cobarde[62]. Sabed que estoy aquí, tirado, por culpa de mi caballo.

Uno de los tres mozos, para callar al pobre don Quijote, tomó la lanza, la rompió y con uno de los trozos empezó a darle golpes a nuestro caballero. Sus amos le gritaban:

–¡No le des tanto, déjale!

Pero el mozo seguía golpeándole muy fuerte, pues don Quijote seguía gritando. Hasta que el mozo se cansó de dar golpes y dejó a don Quijote. Y los mercaderes siguieron su camino.

Cuando vio que estaba solo, don Quijote intentó levantarse. Pero ¿cómo iba a conseguirlo? Estaba roto y casi deshecho, con el cuerpo lleno de golpes.

Nuestro valiente caballero intentaba levantarse, pero no podía por el peso de las antiguas armas.

CAPÍTULO V

DON QUIJOTE VUELVE A CASA: EL CURA Y EL BARBERO QUEMAN SUS LIBROS

POR suerte, pasó por allí un labrador, vecino de su pueblo, que venía de un molino[63]. Cuando le vio allí en el suelo, se acercó a él y le preguntó que quién era y que qué le dolía. Don Quijote no contestaba y seguía diciendo disparates. El labrador, entonces, le quitó la visera y le limpió la cara llena de polvo. Enseguida le conoció y le dijo:

–Señor Quijana, ¿quién le ha dejado así?

A continuación, aquel buen hombre le quitó a don Quijote parte de la armadura para ver si tenía alguna herida, pero no vio sangre ni daño alguno. Le levantó del suelo y con mucho trabajo le subió a su burro[64]. Por último, recogió las armas rotas, tomó a Rocinante y se marchó hacia su pueblo.

Llegaron al lugar cuando anochecía. En casa de don Quijote había mucha gente. Allí estaban el cura y el barbero, sus dos grandes amigos, y el ama de don Quijote, que les decía:

–¿Qué piensa vuestra merced, señor cura, de la mala suerte de mi señor? Hace tres días que no aparecen ni él, ni su caballo, ni sus armas. ¡Pobre de mí! Esos libros de caballerías que suele leer le han vuelto loco. Ahora me acuerdo. Cuando hablaba solo, decía que quería hacerse caballero andante e ir a buscar aventuras por el mundo.

La sobrina decía lo mismo. Recordaba las veces que su tío, después de leer día y noche aquellos libros, tomaba la espada y peleaba contra las paredes. Y cuando estaba muy cansado, decía que había matado a cuatro gigantes como cuatro torres[65] de un castillo.

–Pero yo tengo la culpa de todo –dijo la sobrina–, porque no avisé a vuestras mercedes de los disparates de mi señor tío.

–Mañana mismo –dijo el cura– vamos a quemar sus libros. Así no harán daño a nadie más.

El labrador, cuando oyó estas palabras, comprendió cuál era la enfermedad de su vecino don Quijote y gritó:

–Abran la puerta al señor marqués[66] de Mantua, que viene malherido.

Al oír estas voces, todos, criada, sobrina y amigos, corrieron para abrazar a don Quijote, que antes de bajar del burro dijo:

–No sigáis. Vengo malherido por culpa de mi caballo. Llevadme a mi cama y avisad a la sabia Urganda[67]. Ella curará mis heridas.

Le llevaron a su cama, pero no le encontraron heridas. Él dijo que todo el cuerpo le dolía porque se había caído por culpa de su caballo Rocinante cuando peleaba contra diez gigantes.

Mil preguntas le hicieron a don Quijote, pero él sólo respondía que quería comer y dormir.

Al día siguiente, el cura llamó a su amigo el barbero y fueron los dos a casa de don Quijote. Mientras nuestro hidalgo dormía, el cura le pidió a la sobrina las llaves de la habitación en la que se guardaban los libros. Allí encontraron más de cien, unos grandes y otros pequeños.

Entonces, empezaron a mirarlos. El barbero le daba, uno a uno, los libros al cura. Y el cura los repasaba para decidir si podía salvar[68] alguno y no tener que echarlo al fuego.

–No –dijo la sobrina–, no hay que perdonar ninguno, porque todos han hecho daño a mi tío. Es mejor tirarlos por las ventanas al patio y luego quemarlos. También podemos llevarlos al corral. Así el humo no nos molestará.

El ama pensaba lo mismo, pero el cura no estaba de acuerdo y prefería leer los títulos de los libros antes de tirarlos al corral.

Estuvieron así un rato. El cura y el barbero revisaban y discutían las obras que querían salvar. Perdonaron muy pocos títulos, como el *Amadís de Gaula*, y otros muchos los echaron por la ventana. Hasta que el cura se cansó y mandó a la sobrina tirar todos los libros grandes directamente al corral.

–Pero ¿qué haremos con los libros pequeños? –preguntó el barbero.

–Estos –dijo el cura– no son de caballerías, sino de poesía.

–¡Ay, señor! –dijo la sobrina–, mandad quemarlos también. A lo mejor mi tío quiere ahora hacerse poeta, que es una enfermedad incurable.

Aquella noche el ama quemó todos los libros. Después, el cura y el barbero levantaron una pared en la entrada de aquella habitación. De esta manera, don Quijote no iba a poder encontrarla. Pensaron, además, en otra solución para la locura de su amigo: decirle que un encantador se había llevado la habitación con todos los libros.

CAPÍTULO VI

SEGUNDA SALIDA: DON QUIJOTE HACE ESCUDERO A SANCHO PANZA[69]

Dos días después, don Quijote se levantó de la cama. Primero, fue a ver sus libros. Andaba de un lado a otro porque no conseguía encontrar la habitación donde los había dejado. Llegaba al lugar donde tenía que estar la puerta, tocaba la pared con las manos y miraba por todas partes sin decir una palabra. Después de buscar un buen rato, le preguntó a su ama que dónde estaba la habitación de sus libros. El ama ya sabía qué tenía que contestar:

–¿Qué habitación busca vuestra merced? Ya no hay habitación ni libros en esta casa porque se lo llevó todo el diablo[70].

–No era diablo –protestó la sobrina–, era un encantador que vino una noche sobre una nube al día siguiente de vuestra salida. Entró en la habitación y no sé qué hizo allí dentro. Poco después, aquel mal viejo salió volando por el tejado. La casa estaba llena de humo. Y cuando conseguimos ver algo, no encontramos ni libros ni habitación alguna. Mientras se iba, gritaba que hacía este daño porque era enemigo[71] del dueño de aquellos libros. Dijo también que se llamaba «el sabio Muñatón».

–«Frestón[72]» –dijo don Quijote.

–No sé –respondió el ama–, «Frestón» o «Fritón». Solo sé que su nombre acababa en *tón*.

–Así es –dijo don Quijote–, ese es un sabio encantador, gran enemigo mío. Sabe que algún día tendré que pelear en singular batalla con un caballero que él protege. Sabe también que yo le ganaré y que él no podrá hacer nada. Por eso, intenta hacerme todo el mal que puede, aunque no podrá evitar lo que el cielo ha ordenado.

–Pero ¿quién le mete a vuestra merced, señor tío, en esas peleas? ¿No es mejor quedarse tranquilo en su casa y no irse por el mundo en busca de aventuras?

–¡Oh sobrina mía –respondió don Quijote–, cuánto te equivocas!

Ni el ama ni la sobrina quisieron discutir más con don Quijote porque veían que se estaba enfadando.

Don Quijote estuvo quince días en casa sin moverse. Parecía que ya no quería repetir sus primeras locuras. En esos días, don Quijote tuvo conversaciones muy graciosas con sus dos amigos, el cura y el barbero. Don Quijote les decía que el mundo necesitaba urgentemente caballeros andantes como él. El cura algunas veces discutía con don Quijote. Otras veces le decía que tenía razón. Era la única manera de entenderse con él.

En este tiempo, don Quijote mandó llamar a un labrador vecino. Era un buen hombre, aunque pobre y muy poco inteligente. Don Quijote quería hacerle su escudero. Para convencerle, nuestro hidalgo le prometió, entre otras cosas, hacerle gobernador de una ínsula[73] ganada en alguna aventura. Con estas y otras promesas, Sancho Panza, que así se llamaba el labrador, dejó a su mujer e hijos y se hizo escudero de su vecino.

Luego, don Quijote se ocupó de buscar dinero. Vendió algunas cosas, empeñó[74] otras y todo lo hizo a mal precio. Así consiguió una cantidad suficiente. Pidió a un amigo un pequeño escudo de madera y arregló su casco. Luego, avisó a su escudero Sancho Panza del día y la hora en los que pensaba ponerse en camino[75] y le dijo que debía pensar lo que iba a llevar.

Sancho Panza preparó sus alforjas[76], como le había pedido su amo. Pensaba llevar también un burro muy bueno que tenía, porque él no estaba acostumbrado a ir a pie por los caminos. Don Quijote intentó recordar si el escudero de algún caballero andante iba en burro, pero no se acordó de ninguno. Sin embargo, don Quijote decidió que podía llevarlo, aunque con la idea de quitarle el caballo a algún mal caballero por el camino y dárselo a Sancho. Nuestro caballero siguió el consejo del ventero y se llevó también algunas camisas.

Cuando tuvieron todo preparado, una noche salieron en secreto del lugar sin despedirse de nadie: ni Panza de sus hijos y mujer, ni don Quijote de su ama y sobrina. Cuando salió el sol, se sintieron seguros. Habían caminado mucho. Estaban muy lejos y nadie los iba a encontrar.

Don Quijote tomó el mismo camino que en su primera salida, por el campo de Montiel. Iba Sancho Panza muy cómodo sobre su burro, con sus alforjas, su bota[77], y, sobre todo, con muchas ganas de ser ya gobernador de la ínsula prometida.

Dijo entonces el escudero a su amo:

–Mire vuestra merced, señor caballero andante, no se olvide de la ínsula que me ha prometido. Yo la sabré gobernar.

A esto respondió don Quijote:

–Debes saber, amigo Sancho Panza, que los antiguos caballeros andantes solían hacer a sus escuderos gobernadores de las ínsulas que ganaban o les daban el título de conde[78] o marqués cuando estos eran ya viejos y estaban hartos de servir a sus caballeros. Sin embargo, si tú vives y yo vivo, a lo mejor dentro de seis días ganamos un reino y te hago rey.

CAPÍTULO VII

AVENTURA DE LOS MOLINOS DE VIENTO

En esto, descubrieron treinta o cuarenta molinos de viento que había en aquel campo. Cuando don Quijote los vio, dijo a su escudero:

–La suerte nos lleva por buen camino. ¿Ves allí, amigo Sancho Panza, que hay más de treinta enormes gigantes? Con ellos voy a hacer batalla y a quitarles a todos la vida.

–¿Qué gigantes? –dijo Sancho Panza.

–Aquellos que ves allí –respondió su amo– con esos brazos largos, de casi dos leguas[79] cada uno.

–Mire vuestra merced –respondió Sancho– que no son gigantes, sino molinos de viento. Lo que parecen brazos son las aspas[80] que, cuando se mueven con el viento, hacen funcionar el molino.

–Me parece –respondió don Quijote– que sabes poco de aventuras. Ellos son gigantes. Si tienes miedo, quítate de ahí y reza mientras yo entro con ellos en horrible y muy peligrosa batalla.

Después de decir esto, se fue contra ellos subido sobre Rocinante. Don Quijote estaba seguro de que eran gigantes. Por eso, no oía las voces de su escudero Sancho, que le gritaba:

–Mire vuestra merced –respondió Sancho– que no son gigantes, sino molinos de viento.

–No son gigantes, señor, sino molinos de viento.

Y don Quijote decía en voz alta:

–No escapéis, cobardes y horribles seres, que peleáis contra un solo caballero.

Entonces, se levantó un poco de viento y las grandes aspas empezaron a moverse.

–Mover así los brazos no os va a servir de nada, pues mi lanza vais a probar –dijo don Quijote.

Después, nuestro caballero pensó con todo el corazón en su señora Dulcinea y le pidió ayuda. Luego, con su escudo y su lanza levantada se fue contra el primer molino que tenía delante. Le dio con la lanza en una de las aspas, pero el viento la giró muy rápido contra él. El aspa rompió su lanza y se llevó con ella al caballo y al caballero. Sancho Panza corrió enseguida hacia allí con su burro para ayudarle. Cuando llegó al lugar, encontró a don Quijote en el suelo. No se podía mover por el gran golpe que se había dado con Rocinante.

–¡Dios mío! ¿No le dije yo a vuestra merced que eran molinos de viento y no gigantes?

–Calla, amigo Sancho –respondió don Quijote–. Sin duda, aquel sabio Frestón, mi gran enemigo, que me robó la habitación y los libros, ha cambiado estos gigantes por molinos para quitarme la gloria[81] de la victoria. Pero poco van a poder sus malas artes contra mi buena espada.

Sancho Panza le ayudó a levantarse y a subir sobre Rocinante, que estaba medio muerto. Siguieron camino hacia Puerto Lápice mientras hablaban de la aventura pasada. Don Quijote iba muy triste porque se le había roto la lanza y le dijo a su escudero:

–Yo he leído que el caballero español Diego Pérez de Vargas[82], cuando se le rompió la espada, fabricó una con una rama de un árbol y con ella hizo grandes batallas. Así, yo pienso cortarle al primer árbol del camino una buena rama y hacerme con ella otra lanza.

–Yo creo todo lo que vuestra merced dice –dijo Sancho–. Pero siéntese más derecho porque parece que va de medio lado. Será por el dolor del golpe.

–Eso es verdad –respondió don Quijote–. Y no me quejo[83] porque los caballeros andantes deben soportar el dolor de las heridas.

–Si eso es así, yo no tengo nada que decir –dijo Sancho–. Sin embargo, si no le parece mal, yo me quejaré del más pequeño dolor.

Don Quijote se rió de lo que decía su escudero y le dijo que podía hacerlo porque no había leído nada en contra de eso en los libros de caballerías.

Sancho Panza le dijo a don Quijote que era la hora de comer. Su amo le contestó que no tenía hambre, pero que él podía comer si quería. Sancho se puso cómodo sobre su burro, sacó algo de las alforjas y empezó a comer. De vez en cuando levantaba contento la bota para beber. Mientras comía y bebía, caminaba despacio detrás de don Quijote. En ese momento no se acordaba de las promesas de su amo y le parecía que buscar aventuras era un descanso y no un trabajo.

Finalmente, pasaron aquella noche entre unos árboles. Don Quijote cortó una rama seca de uno de ellos y fabricó una nueva lanza. Aquella noche don Quijote no durmió nada. Pensaba en su señora Dulcinea para parecerse a los caballeros de las historias que había leído en sus libros. Sancho Panza, sin embargo, durmió toda la noche con la barriga llena. Por la mañana, ni el sol que le daba en la cara ni la canción de las aves que saludaban la llegada del nuevo día consiguieron despertarle. Solo la llamada de su amo lo consiguió. Al levantarse, tocó la bota, la encontró más delgada y se puso triste.

No quiso desayunar don Quijote porque se alimentaba de sus memorias. Volvieron, entonces, a tomar el camino hacia Puerto Lápice. Allí llegaron sobre las tres de la tarde.

–Aquí –dijo don Quijote– podemos, hermano Sancho Panza, vivir grandes aventuras. Pero aprende lo siguiente: si un caballero me ofende[84] y tú me ves en peligro, no debes sacar tu espada. Solo puedes ayudarme si son gente canalla y baja[85] o si eres armado caballero.

–Señor –respondió Sancho–, os voy a obedecer muy bien en esto. Yo soy un hombre tranquilo y no me gustan los ruidos ni las batallas. Pero también os digo, señor, que si tengo que defender mi vida, seguro que lo voy a hacer.

CAPÍTULO VIII

AVENTURA DEL VIZCAÍNO[86]

ESTABAN en esta conversación, cuando aparecieron por el camino dos frailes de San Benito[87] sobre dos grandes mulas[88]. Llevaban sus gafas de viaje y sombrillas para el sol. Detrás de ellos, venía un coche de caballos. Le acompañaban cuatro o cinco hombres a caballo y dos mozos a pie. En el coche viajaba una señora vizcaína que iba a Sevilla, donde estaba esperándola su marido para tomar un barco hacia América. Los frailes no venían con ella, aunque iban por el mismo camino. Cuando don Quijote los vio, le dijo a su escudero:

–Si no me equivoco, esta va a ser la aventura más famosa del mundo. Aquellas negras figuras que aparecen por allí son, sin duda, unos encantadores que han robado alguna princesa y la llevan en aquel coche.

–Esto será peor que los molinos de viento –dijo Sancho–. Mire, señor, aquellos son frailes de San Benito y el coche seguramente lleva algunos viajeros. Por eso digo, señor, que piense bien lo que hace, pues puede ser cosa del diablo.

–Ya te he dicho, Sancho –respondió don Quijote–, que sabes poco de aventuras. Lo que yo digo es verdad, y ahora lo verás.

Después de decir esto, nuestro hidalgo se puso en la mitad del camino. Cuando los frailes estaban ya cerca de él y le podían oír, don Quijote dijo en voz alta:

–Gente horrible, dejad ahora mismo a las princesas que lleváis robadas en ese coche. Si no lo hacéis, preparaos para recibir una muerte rápida, como justo castigo por vuestras malas obras.

Los frailes se pararon. Estaban sorprendidos[89] de la figura de don Quijote y de lo que decía. Así le respondieron:

–Señor caballero, nosotros no somos gente horrible. Somos dos frailes de San Benito que vamos por nuestro camino. No sabemos si en este coche viene o no alguna princesa robada.

–Conmigo no uséis palabras blandas. Yo ya os conozco. Sois gente falsa y canalla –dijo don Quijote.

Y sin esperar respuesta, bajó su lanza y con todas sus fuerzas se fue contra el primer fraile. Pero don Quijote ni le mató ni le produjo heridas graves porque, en ese mismo momento, el fraile saltó de la mula. El segundo fraile, que vio así a su compañero, empezó a correr por aquel campo, más rápido que el viento.

Sancho Panza, que vio en el suelo al primer fraile, bajó rápidamente de su burro, se fue contra él y empezó a quitarle la ropa. Entonces, llegaron dos mozos de los frailes y le preguntaron a Sancho que por qué hacía eso. Sancho les respondió que aquella ropa era el premio que le tocaba porque su señor don Quijote había ganado la batalla. Los mozos ni tenían ganas de bromas ni entendían aquello de premios y batallas. Al ver que don Quijote estaba hablando con los viajeros del coche, se fueron contra Sancho, le empujaron al suelo, le tiraron de la barba y le dieron muchas patadas. El escudero quedó en el suelo, sin aire, casi muerto.

Sin perder tiempo, el primer fraile, muy pálido y asustado, volvió a subirse a la mula. Luego, se fue lejos de allí, donde le estaba esperando su compañero para seguir su camino. No esperaron a ver cómo terminaba aquel episodio.

Don Quijote estaba, como se ha dicho, hablando con la señora del coche. Le decía:

–Hermosa señora mía, ya sois libre porque con mi fuerte brazo he acabado con vuestros robadores. Sabed que yo me llamo don Quijote de la Mancha, caballero andante, aventurero y cautivo[90] de la única y hermosa doña Dulcinea del Toboso. Yo solo os pido una cosa para pagar mi buena obra: volved al Toboso y en mi nombre presentaos a esta señora y contadle esta aventura.

Un escudero vizcaíno que acompañaba el coche estaba escuchando lo que decía don Quijote. Vio que no dejaba pasar el coche y oyó que tenían que volver hacia el Toboso. Se acercó a nuestro hidalgo, le tomó de la lanza y le dijo en mala lengua castellana y peor vizcaína[91]:

–Vete, caballero, porque si no dejas coche, así te matas como estás ahí vizcaíno[92].

Don Quijote le entendió muy bien y con mucha tranquilidad le respondió:

–Solo si eres caballero, puedo castigar tu ofensa[93]. Pero no lo eres, canalla.

A esto contestó el vizcaíno:

–¿Yo no caballero? ¡Mientes! Si lanza tiras y espada sacas, ¡verás qué pronto te convenzo! El vizcaíno es hidalgo por tierra, por mar y por el diablo. Y mientes que mira si otra dices cosa[94].

–¡Ahora lo verás! –respondió don Quijote.

Entonces, tiró la lanza al suelo, sacó su espada, tomó su escudo y se fue contra el vizcaíno para matarle. El vizcaíno, que así le vio venir, aunque quiso bajarse de la mula, no pudo. Solo tuvo tiempo de sacar su espada. Sin embargo, tuvo la suerte de estar al lado del coche. De allí pudo sacar una almohada para usarla como escudo. Y se fueron el uno contra el otro, como dos grandes enemigos.

Los demás intentaron separarlos, pero no pudieron. El vizcaíno decía que si no le dejaban acabar su batalla, él mismo los iba a matar a todos. La señora del coche estaba muy asustada y se alejó un poco de allí. Desde lejos siguió mirando la gran pelea entre el vizcaíno y nuestro caballero.

En medio de la batalla, el vizcaíno le dio con su espada a don Quijote en el hombro. Cuando don Quijote sintió el dolor de aquel increíble golpe, gritó:

–¡Oh, señora de mi alma, Dulcinea, hermosa flor, ayudad a este caballero que por vos así se encuentra!

Y mientras decía esto, don Quijote tomó fuertemente la espada, se protegió con el escudo y se fue contra su enemigo con la intención de darle un único golpe.

El vizcaíno, cuando vio que venía contra él, se protegió bien con su almohada y le esperó, porque su mula estaba muy cansada y no podía dar un paso.

Venía, pues, como se ha dicho, don Quijote contra el vizcaíno con la espada en alto. Quería abrirle por medio. El vizcaíno le esperaba también con la espada levantada y se protegía con su almohada. La gente que había alrededor los observaba muy asustada. Todos querían saber cómo iba a terminar aquella pelea. La señora del coche y sus criadas, al sentir el peligro, le pedían a Dios por ellas y por su escudero.

Parecía que los dos valientes y enfadados enemigos levantaban sus espadas contra el cielo, la tierra y el mar. El vizcaíno fue el primero en golpear con fuerza y pasión a don Quijote. Aquel golpe era suficiente para terminar con la batalla y con todas las aventuras de nuestro caballero. Sin embargo, don Quijote tuvo suerte. La espada de su enemigo cambió de dirección en el camino y solo le alcanzó el hombro izquierdo y le quitó parte del casco con la mitad de una oreja.

¡Qué enfado entró en el corazón de nuestro manchego[95] al verse así! Consiguió levantarse, tomó con fuerza la espada entre las dos manos y se fue contra el vizcaíno. Le dio sobre la almohada y sobre la cabeza. Al vizcaíno le pareció que se le había caído encima una montaña y comenzó a echar sangre por la nariz, por la boca y por los oídos. Se abrazó al cuello de su mula para no caerse al suelo. Pero, luego, la mula, que estaba asustada por el fuerte golpe, empezó a correr y a saltar por el campo hasta que tiró a su dueño al suelo.

Cuando le vio caer, don Quijote bajó de su caballo y se acercó a él. Le puso la espada entre los ojos y le dijo:

–Si no aceptas mi victoria, te cortaré la cabeza.

El vizcaíno estaba muy malherido y no podía responder palabra. Entonces, las señoras del coche se acercaron y le pidieron a don Quijote:

–Por favor, caballero, perdonadle la vida al escudero.

Don Quijote respondió con voz seria y arrogante:

–Por supuesto, hermosas señoras, yo estoy muy contento de hacer lo que me pedís. Pero solo si este caballero promete que va a ir al Toboso para presentarse en mi nombre ante doña Dulcinea.

La asustada señora, sin entender lo que don Quijote pedía y sin preguntar que quién era Dulcinea, se lo prometió a nuestro caballero.

–Entonces, no le haré más daño, aunque se lo merecía[96], pues creo en vuestra palabra –dijo don Quijote.

Mientras esto ocurría, el golpeado Sancho Panza ya se había levantado del suelo y había observado con atención la batalla de su señor don Quijote. Sancho le pedía a Dios con todo su corazón: «Dadle la victoria a mi señor don Quijote, pues si gana alguna ínsula, yo seré el gobernador, como me ha prometido».

Cuando vio que su amo volvía a subir sobre Rocinante, se puso de rodillas delante de él, le tomó la mano, se la besó y le dijo:

–Señor don Quijote mío, dadme, por favor, el gobierno de la ínsula que ha ganado en esta gran batalla. Yo sabré gobernarla.

A esto respondió don Quijote:

–Sabed, hermano Sancho, que esta aventura no es de ínsulas y que el único premio que se gana es salir con la cabeza rota o con una oreja menos. Tened paciencia, ya llegarán aventuras donde os podré hacer gobernador y mucho más.

Sancho le dio las gracias y le besó otra vez la mano. Después, le ayudó a subir sobre Rocinante, él subió sobre su burro y empezó a seguir a su amo.

Sin despedirse ni hablar más con las señoras del coche, don Quijote y Sancho, que iba detrás de él, entraron en un bosque que había allí cerca. Le seguía Sancho a buen paso, pero Rocinante caminaba más rápido. El escudero tuvo que gritar a su amo porque este no le esperaba. Cuando Sancho le alcanzó, le dijo:

–Le pido a vuestra merced que se cure, pues está perdiendo mucha sangre de esa oreja. Aquí traigo en las alforjas un poco de medicina para curar las heridas.

–¡Qué pena! Yo antes sabía –respondió don Quijote– preparar el bálsamo de Fierabrás[97], que con una sola gota cura todas las heridas. Pero ahora no me acuerdo.

–¿Qué bálsamo es ese? –dijo Sancho Panza.

–El bálsamo de Fierabrás –repitió don Quijote–. Sé que tengo la receta en la memoria. Con él no hay que tener miedo a la muerte, ni hay que pensar en morir de ninguna herida.

–Si eso existe –dijo Panza–, deme la receta y no el gobierno de la prometida ínsula. Eso valdrá muchísimo. Y dígame, ¿cuánto cuesta hacerlo?

–Menos de tres reales[98] –respondió don Quijote–. Pero dejemos esto para otro momento. Mayores cosas pienso enseñarte. Mira si traes algo para comer en esas alforjas. Luego, vamos en busca de algún castillo donde pasar la noche y hacer el bálsamo que te he dicho, pues me está doliendo mucho la oreja.

–Aquí traigo una cebolla y un poco de queso, y no sé cuántos trozos de pan –dijo Sancho.

Sancho sacó lo que dijo que traía y comieron los dos en buena paz y compañía. Pero acabaron rápido su pobre y seca comida, pues querían buscar donde dormir aquella noche. Subieron luego a caballo y se dieron prisa para llegar a algún pueblo antes del anochecer. Pero no lo consiguieron y durmieron al aire libre.

CAPÍTULO IX

AVENTURA DE LOS ARRIEROS

POR la mañana, don Quijote y su escudero llegaron a un prado lleno de hierba fresca, junto a un pequeño río tranquilo y fresco que invitaba a pasar allí las horas de la siesta.

Don Quijote y Sancho se bajaron de Rocinante y del burro y los dejaron sin atar. Así sus animales podían comer hierba libremente. Abrieron sus alforjas y sin ninguna ceremonia, en buena paz y compañía, amo y mozo comieron lo que encontraron en ellas.

Por aquel lugar andaban unas yeguas[99] que eran de unos arrieros. Estos tienen la costumbre de descansar con sus animales en lugares y sitios donde hay hierba y agua.

Entonces, ocurrió que Rocinante tuvo ganas de pasar un buen rato con las señoras yeguas. Cuando las olió, sin pedir permiso a su dueño, se fue detrás de ellas con paso alegre. Pero parecía que las yeguas tenían más ganas de comer que de otra cosa y le recibieron con las patas y los dientes.

Cuando los arrieros vieron a Rocinante entre sus yeguas, fueron con palos[100], lo golpearon, lo tiraron al suelo y lo dejaron malherido.

Don Quijote y Sancho, que habían visto cómo golpeaban a Rocinante, se acercaron enseguida. Y dijo don Quijote a Sancho:

–Me parece, amigo Sancho, que estos no son caballeros, sino gente baja y canalla. Por eso, tú me puedes ayudar. Vengaremos[101] la ofensa que le han hecho a Rocinante delante de nuestros ojos.

–¿Cómo nos vamos a vengar –respondió Sancho–, si estos son más de veinte y nosotros solo somos dos, o uno y medio?

–Yo valgo por cien –protestó don Quijote.

Y sin decir nada más, nuestro hidalgo sacó su espada y se fue contra los arrieros. Sancho Panza hizo lo mismo y siguió el ejemplo de su amo. De pronto, don Quijote le dio a uno de ellos con la espada y le abrió el vestido de cuero que llevaba y parte de la espalda.

Entonces, los arrieros, que se vieron así tratados, tomaron sus palos y los empezaron a golpear y golpear con todas sus fuerzas. Enseguida se cayeron los dos al suelo. Sancho fue el primero. Después, se cayó don Quijote a los pies de Rocinante, que todavía no se había levantado.

Cuando los arrieros vieron el mal que habían hecho, prepararon sus yeguas rápidamente y siguieron su camino. Allí dejaron a los dos aventureros muy doloridos y de muy mal humor.

El primero que se despertó fue Sancho Panza y dijo a su señor con voz enferma y herida:

–¿Señor don Quijote? ¡Ah, señor don Quijote!

–¿Qué quieres, Sancho hermano? –respondió don Quijote, con la misma voz débil que Sancho.

–¿Podría, vuestra merced –respondió Sancho Panza–, darme un poco de aquella bebida del feo Blas[102], si la tiene vuestra merced ahí cerca? Quizá sirva para los huesos rotos como sirve para las heridas.

–No la tengo aquí –respondió don Quijote–. Pero yo te prometo, Sancho Panza, como caballero andante que soy, que antes de dos días, si la suerte no manda otra cosa, la voy a tener en mi poder.

–Pues, ¿cuándo le parece a vuestra merced que podremos mover los pies? –preguntó Sancho Panza.

–No sé cuándo –dijo el dolorido caballero don Quijote–. Pero yo tengo la culpa de todo. No debo sacar la espada contra hombres que no son caballeros andantes como yo. El dios de las batallas ha permitido este castigo porque he desobedecido las leyes de la caballería. Por eso, Sancho Panza, si ves que alguna gente canalla nos ofende, no esperes mi espada, porque sólo puedo pelear contra caballeros. Pon tú la mano en tu espada y castígalos tú. Yo te sabré defender si vienen caballeros a ayudarlos. Ya conoces el poder de mi fuerte brazo.

Nuestro pobre señor don Quijote estaba muy arrogante después de su victoria sobre el valiente vizcaíno. Pero a Sancho Panza no le pareció bien el aviso de su amo y le respondió:

–Señor, yo soy hombre tranquilo. Además, tengo mujer e hijos que alimentar y cuidar. Por eso, yo también le aviso a vuestra merced: no pondré la mano en la espada ni contra villano[103] ni contra caballero. Desde este momento perdono todos las ofensas que me han hecho y me harán alto o bajo, rico o pobre, hidalgo o no.

–El dolor que tengo en esta costilla no me deja explicarte, Panza, que te equivocas –le respondió don Quijote–. Si piensas así, ¿cómo te voy a hacer señor de la ínsula que te he prometido? Si no eres caballero ni quieres serlo, ni tienes valentía ni intención de defenderla.

–Ahora no quiero hablar más –respondió Sancho–. Mire vuestra merced si se puede levantar y vamos a ayudar a Rocinante, aunque él fue la razón principal de este desastre. Yo pensaba que Rocinante era una persona tan tranquila como yo. Pero bien dicen que hace falta mucho tiempo para conocer bien a las personas y que no hay nada seguro en esta vida. ¿Quién iba a pensar que después de la victoria nos iba a venir esta lluvia de palos que llevamos sobre la espalda?

–Y tu espalda, Sancho, estará más acostumbrada a estos golpes, pero la mía no. Con todo eso, te digo, hermano Panza –dijo don

Quijote–, que el tiempo lo cura todo y el dolor desaparece con la muerte.

–Pero ¿puede haber pena más grande –contestó Panza– que esperar que el tiempo o la muerte la destruya? Estoy viendo que nuestras desgracias[104] no se curan con medicina.

–Olvida eso, Sancho –respondió don Quijote–, y toma fuerzas, como yo. Veamos cómo está Rocinante.

Rocinante estaba muy dolorido y no podía llevar a don Quijote. Nuestro hidalgo tuvo la idea de montarse en el burro de Sancho e ir a algún castillo para curarse allí las heridas.

–Panza amigo, levántate y ayúdame a ponerme encima de tu burro. Vámonos de aquí antes de que nos sorprenda la noche.

Finalmente, Sancho se levantó sin poder ponerse recto y levantó luego a Rocinante. Subió a don Quijote sobre su burro y ató el caballo. Luego, fue hacia el camino principal.

Después de caminar algo menos de una legua, descubrieron una venta que para don Quijote era castillo. Por el camino, don Quijote y Sancho Panza iban discutiendo sobre esto. Sancho decía que era venta y su amo repetía que no, que era castillo. Cuando llegaron allí, todavía no se habían puesto de acuerdo.

CAPÍTULO X

AVENTURA DE MARITORNES

EL ventero vio a don Quijote acostado sobre el burro y preguntó a Sancho que qué le pasaba. Sancho le respondió que no era nada, que se había caído desde unas grandes piedras y tenía las costillas un poco golpeadas.

El ventero tenía una mujer buena y generosa que sufría con el dolor de los demás. Por eso, fue a curar a don Quijote con la ayuda de su hija, una doncella muy hermosa.

En la venta servía también una moza asturiana[105], de cara ancha, cuello corto y nariz pequeña. Le faltaba un ojo y el otro no estaba muy sano. Su cuerpo tampoco hacía olvidar sus otras *cualidades*: era muy baja y miraba siempre al suelo porque le pesaba la espalda.

Esta buena moza ayudó a la doncella y entre las dos hicieron una muy mala cama a don Quijote en un antiguo pajar[106]. Allí también dormía un arriero, que tenía su cama cerca de la de nuestro don Quijote.

En esta dura cama se acostó el caballero. Luego, la ventera, su hija y Maritornes, que así se llamaba la asturiana, curaron a don Quijote. Cuando la ventera vio los cardenales[107] que este tenía, dijo que le parecían golpes.

–No fueron golpes –dijo Sancho–. Es que las piedras no eran lisas y le hicieron muchos cardenales.

Y también le dijo:

–Guarde, por favor, vuestra merced un poco de esa medicina, porque a mí también me duele la espalda.

–Entonces –respondió la ventera–, vos también os caísteis.

–No me caí –dijo Sancho Panza–, pero cuando vi caer a mi amo, me asusté mucho. Por eso, a mí también me duele el cuerpo.

–Eso es posible –dijo la doncella–. Yo he soñado muchas veces que me caía de una torre y nunca llegaba al suelo. Cuando me despertaba del sueño, estaba rota y dolorida. Me parecía que me había caído de verdad.

–Eso es, señora –respondió Sancho Panza–, pero yo estaba bien despierto y sin soñar nada, y no tengo menos cardenales que mi señor don Quijote.

–¿Cómo se llama este caballero? –preguntó la asturiana Maritornes.

–Don Quijote de la Mancha –respondió Sancho Panza–, y es caballero aventurero, y de los mejores y más fuertes que se han visto en el mundo desde hace mucho tiempo.

–¿Qué es caballero aventurero? –preguntó la moza.

–¿No lo sabéis? –respondió Sancho Panza–. Pues sabed, hermana mía, que un caballero aventurero es una cosa que, en un momento, pasa de ser golpeado a emperador. Hoy es el ser más triste y pobre del mundo, y mañana tendrá dos o tres reinos para dar a su escudero.

Don Quijote estaba escuchando con mucha atención toda esta conversación. Se sentó en la cama como pudo y le dijo a la ventera mientras le tomaba la mano:

–Creedme, hermosa señora, tenéis suerte de tenerme en vuestro castillo. Solo os digo que recordaré para siempre el servicio que me habéis hecho.

La ventera, su hija y la buena de Maritornes no entendían lo que decía nuestro andante caballero. Pero se daban cuenta de la cortesía que había en sus palabras y no dejaban de mirarle porque no estaban acostumbradas a oír ese lenguaje. Después de darle las gracias, la asturiana Maritornes curó a Sancho, que también lo necesitaba.

El arriero que dormía también en aquella habitación había quedado con Maritornes para dormir juntos aquella noche. Ella le había prometido:

–Cuando la venta esté tranquila y mis amos estén dormidos, te buscaré y me acostaré contigo.

Y esta *buena moza* siempre hacía lo que prometía.

La dura, estrecha y pequeña cama de don Quijote era la primera que había en mitad de aquella habitación. A su lado estaba la cama de Sancho y a continuación estaba la del arriero.

Después de dar de comer a sus animales, el arriero se metió en su cama y esperó a la puntualísima Maritornes. Sancho Panza ya se había acostado, pero el dolor de las costillas no le dejaba dormir. Don Quijote, por el dolor de las suyas, tampoco podía dormir y tenía los ojos abiertos como un conejo. Toda la venta estaba en silencio y casi sin luz.

En esta maravillosa tranquilidad, don Quijote recordó los libros de caballerías e imaginó una extraña locura. Creyó que él había llegado a un famoso castillo y que la hija del ventero era la hija del señor del castillo. Esta se había enamorado de él y le había prometido que aquella noche, en secreto, iba a ir a su cama. Esta fantasía que se había fabricado empezó a preocupar a don Quijote. Y decidió no poner en peligro el compromiso con su señora Dulcinea.

Mientras pensaba en estos disparates, llegó la hora y la asturiana entró en la habitación sin hacer ruido en busca del arriero. Pero cuando llegó a la puerta, don Quijote la oyó, se sentó en la cama y abrió los brazos para recibir a su hermosa doncella. La asturiana, que iba con las manos por delante en busca de su querido, se encontró con los brazos de don Quijote. Nuestro caballero la tomó de una mano, tiró de ella y la sentó sobre la cama. Ella no decía palabra. Nuestro pobre hidalgo creía tener entre sus brazos a la diosa de la hermosura. Con voz amorosa y suave le empezó a decir:

–Hermosa señora, me gustaría poder pagar el favor que me hacéis al dejarme ver vuestra gran hermosura, pero no puedo. La suerte, que no se cansa de castigar a los buenos, ha querido ponerme en esta cama, golpeado y roto. Pero, sobre todo, la promesa que le hice a la única señora de mis escondidos pensamientos, Dulcinea del Toboso, me hace perder esta ocasión.

Maritornes, sin hablar ni entender nada, intentaba soltarse de don Quijote. El bueno del arriero, que estaba despierto desde que entró Maritornes, estaba escuchando todo. Se estaba enfadando porque creía que la asturiana estaba con otro hombre. Entonces, se acercó poco a poco a la cama de don Quijote. Estuvo en silencio hasta ver cómo terminaba aquella conversación que él no podía entender. Como vio que la moza intentaba soltarse y don Quijote no la dejaba, levantó el brazo y le dio un fuerte golpe en la cara. Nuestro enamorado caballero se quedó con toda la boca llena de sangre. No contento con esto, el arriero se subió encima de él y comenzó a golpear sus costillas.

La cama, que era un poco frágil, no pudo soportar el peso del arriero y se rompió. Este gran ruido despertó al ventero que enseguida pensó que era cosa de Maritornes. Se levantó, encendió una lamparita de aceite y se fue hacia donde había oído la pelea. La moza, muy asustada y nerviosa al ver que venía su amo, se metió en la cama de Sancho Panza, que todavía dormía.

En esto, se despertó Sancho y sintió que en su cama había alguien. Pensó que tenía una pesadilla[108] y empezó a dar golpes a un lado y a otro. Algunos de ellos alcanzaron a Maritornes, que empezó a devolvérselos. Sancho, que no sabía quién le golpeaba, se abrazó a la asturiana y entre los dos empezaron una de las peleas más graciosas del mundo.

Cuando el arriero vio, con la lamparita que llevaba el ventero, con quién estaba su dama, dejó a don Quijote y se fue hacia allí para ayudarla. El ventero hizo lo mismo, pero para castigarla, porque pensaba que ella tenía la culpa de aquella pelea. Y así, daba el arriero a Sancho, Sancho a la moza, la moza a él, el ventero a la moza, y todos golpeaban y golpeaban muy rápido y sin descanso. De repente, al ventero se le apagó la lamparita que llevaba. Aunque estaba oscuro, todos seguían golpeándose unos a otros y donde ponían la mano, no dejaban cosa sana.

Aquella noche dormía en la venta un cuadrillero de la Santa Hermandad[109]. Cuando oyó aquellos extraños ruidos de la pelea, entró en la habitación y dijo:

–¡Paren en nombre de la justicia y de la Santa Hermandad!

Se encontró primero con el pobre don Quijote, que estaba tirado en su cama, boca arriba y casi muerto. El cuadrillero le tomó de la barba, pero, al ver que no se movía, pensó que estaba ya muerto y que los otros eran sus matadores. Con esta idea gritó:

–¡Cierren la puerta de la venta! ¡Que no se vaya nadie, aquí han matado a un hombre!

Esta voz asustó a todos y dejaron de pelear. El ventero se fue a su dormitorio, el arriero volvió a su cama y la moza a su habitación. Solo los pobres don Quijote y Sancho no se pudieron mover de donde estaban. El cuadrillero soltó la barba de don Quijote y salió a buscar luz.

CAPÍTULO XI

EL BÁLSAMO DE FIERABRÁS Y EL MANTEAMIENTO[110] DE SANCHO

SE despertó don Quijote y, con la misma débil voz del día anterior, empezó a llamar a su escudero:

–Sancho amigo, ¿duermes? ¿Duermes, amigo Sancho?

–¡Cómo voy a dormir, pobre de mí –respondió Sancho, triste y enfadado–, si parece que todos los diablos han jugado conmigo esta noche!

–Puedes creerlo así, sin duda –respondió don Quijote–, porque este castillo está encantado. Sancho, tengo que decirte algo, pero antes tienes que jurar[111] que guardarás el secreto hasta después de mi muerte.

–Sí juro –respondió Sancho.

–Esta noche me ha ocurrido una extraña aventura. Hace poco vino hasta mi cama la hija del señor de este castillo, que es la más hermosa doncella que se puede encontrar en la tierra. Yo estaba con ella en dulcísima y amorosa conversación. Entonces, vino, no sé de dónde, una mano que estaba pegada al brazo de algún enorme gigante y me dio un golpe muy fuerte que me llenó la cara de sangre.

Después, me golpeó más que los arrieros de ayer. Por todo ello, supongo que el tesoro[112] de la hermosura de esta doncella lo guarda algún encantado moro[113], y no debe ser para mí.

–Ni para mí tampoco –respondió Sancho–, porque a mí me han golpeado más de cuatrocientos moros. Y si los comparo con los golpes de los arrieros, esos no fueron nada. Vuestra merced tuvo en sus manos a aquella hermosa doncella. Pero yo ¿qué tuve? Solo los mayores golpes que pienso recibir en toda mi vida. ¡Ay pobre de mí! ¡Ni soy caballero andante ni lo pienso ser nunca, pero en todas las aventuras recibo la peor parte!

–Entonces, ¿a ti también te han golpeado? –respondió don Quijote.

–¿No le he dicho ya que sí? –dijo Sancho.

–No te preocupes, amigo –dijo don Quijote–. Yo haré ahora el bálsamo precioso y nos curaremos en un abrir y cerrar de ojos[114].

Entró entonces el cuadrillero con una lamparita para ver al *muerto*. Cuando Sancho le vio entrar, en camisa, con su gorro de dormir, una lamparita en la mano y con muy mala cara, preguntó a su amo:

–Señor, ¿no será este, por casualidad, el moro encantado, que nos quiere castigar otra vez?

–No puede ser el moro –respondió don Quijote–, porque los encantados no se dejan ver por nadie.

–Si no se dejan ver, sí se dejan sentir –dijo Sancho–. Si no, ¡pregúnteselo a mis espaldas!

Llegó el cuadrillero y al verlos hablar tranquilamente, se sorprendió mucho, aunque don Quijote todavía no se podía mover. El cuadrillero se acercó a él y le dijo:

–Pues ¿cómo está, buen hombre[115]?

–Yo que vos, sería más educado. ¿Es así como se habla en esta tierra a los caballeros andantes, majadero[116]?

El cuadrillero, que se sintió maltratado por un hombre con tan mal aspecto, no lo pudo soportar. Levantó la lámpara con todo su aceite y le dio a don Quijote con ella en la cabeza. Luego, salió y dijo Sancho Panza:

–Sin duda, señor, este es el moro encantado. Seguro que guarda el tesoro para otros y para nosotros solo guarda los golpes.

–Así es –respondió don Quijote–, y no hay que prestar atención a estas cosas, ni enfadarse con ellas. Como son invisibles y fantásticas, no podremos vengarnos. Levántate, Sancho, si puedes, y llama al señor del castillo. Pídele un poco de aceite, vino, sal y romero[117] para hacer el saludable bálsamo. Creo que lo necesito ahora, porque me sale mucha sangre de la herida que me ha hecho este moro.

Sancho se levantó, aunque le dolían mucho los huesos. Fue a buscar al ventero, pero se encontró con el cuadrillero y le dijo:

–Señor, hacednos el favor de darnos un poco de romero, aceite, sal y vino. Es para curar a uno de los mejores caballeros andantes que hay en la tierra. Está en aquella cama malherido por culpa del encantado moro que está en esta venta.

Cuando el cuadrillero oyó aquello, creyó que Sancho estaba loco. Abrió la puerta de la venta, llamó al ventero y le dijo lo que aquel buen hombre quería. El ventero se lo dio y Sancho se lo llevó a don Quijote, que estaba con las manos en la cabeza y se quejaba del dolor del golpe.

Finalmente, don Quijote mezcló[118] todos los ingredientes y los coció un buen rato. Luego, pidió una jarra para echarlo. Después, nuestro caballero se puso a rezar sobre la mezcla y con cada palabra se hacía la cruz[119].

Después de esto, don Quijote quiso probar las cualidades de aquel precioso bálsamo. Y se bebió lo que no había cabido en la jarra. Cuando terminó de beberlo, empezó a vomitar[120] hasta que no le quedó nada dentro. Después, empezó a sudar[121] muchísimo.

Le pusieron una manta por encima y le dejaron solo. Don Quijote durmió durante más de tres horas. Después, se despertó y se sintió muchísimo mejor. Creyó que el bálsamo de Fierabrás le había curado.

Sancho Panza, que también creyó en las cualidades del bálsamo, le pidió un poco a su amo. Don Quijote aceptó y Sancho bebió con ganas. El pobre escudero enseguida empezó a estar mareado y a sudar. Pensó que se estaba muriendo. Al verle así, don Quijote le dijo:

–Yo creo, Sancho, que todo este mal te viene por no ser armado caballero. Seguramente este bálsamo no funciona con los no caballeros.

–Si vuestra merced sabía eso –contestó Sancho–, ¿por qué me dejó probarlo?

En esto, el pobre escudero empezó a echar líquido por uno y por otro lado sin parar. Él y todos pensaron que se le acababa la vida. Estuvo así casi dos horas. Después, no se sintió mejor, como su amo. Estaba agotado y roto. No podía estar de pie.

Pero don Quijote, que, como se ha dicho, se sintió curado, quiso salir enseguida en busca de aventuras. Le parecía que si se quedaba allí más tiempo, se lo estaba quitando a la gente que necesitaba su ayuda. Y más ahora, con la seguridad que le daba su bálsamo. Y así, él mismo le colocó la silla a Rocinante y preparó el burro de su escudero. Luego, ayudó a Sancho a vestirse y a subir al burro.

Don Quijote se subió sobre su caballo. Como necesitaba una lanza, tomó un palo corto que había en un rincón de la venta. Cuando ya estaban los dos listos y en la puerta, don Quijote llamó al ventero y con voz tranquila y seria, le dijo:

–Muchos son los favores, señor, que he recibido en vuestro castillo. Por ello, os daré las gracias todos los días de mi vida. Pensad y si recordáis alguna ofensa de algún arrogante, sabed que mi oficio es castigarlos. Yo os prometo, por la orden de caballero que recibí, que así os pagaré.

El ventero le respondió con la misma tranquilidad:

–Señor caballero, yo solo necesito que vuestra merced me pague esta noche en la venta, el alimento de sus dos animales, la cena y las camas.

–Entonces, ¿esto es una venta? –dijo don Quijote.

–Y muy respetable –respondió el ventero.

–Estaba equivocado –respondió don Quijote–, porque de verdad pensé que era un castillo, y no malo. Pero si es una venta, tenéis que perdonarme el dinero. Yo tengo que respetar la orden de los caballeros andantes, que nunca pagaron nada en ninguna venta. Es un derecho que tienen por el trabajo que hacen: buscar aventuras de noche y de día, en invierno y en verano, a pie y a caballo, con sed y con hambre, con calor y con frío.

–Eso no es asunto mío –respondió el ventero–. Págueme lo que me debe y deje ya esos cuentos de caballerías.

–Vos sois un majadero y un mal ventero –respondió don Quijote.

Luego, salió de la venta sin mirar si le seguía su escudero y se alejó bastante.

El ventero, al ver que nuestro hidalgo se iba sin pagar, fue a cobrar a Sancho Panza. Este le dijo que si su señor no había querido pagar, él tampoco lo iba a hacer porque era escudero de caballero andante y seguía las mismas leyes.

En la venta había un grupo de gente alegre y que tenía muchas ganas de divertirse. Estos se acercaron a Sancho y le bajaron del burro. Uno de ellos entró en la venta para tomar una manta y echar a Sancho en ella. Como allí el techo era algo bajo, decidieron salir al corral que tenía el cielo como único techo. Y empezaron a levantarle en alto y a divertirse con él.

El pobre Sancho gritaba mucho y sus voces llegaron a los oídos de su amo. Don Quijote se paró y después de escuchar con atención, conoció la voz de su escudero. Volvió a la venta, pero cuando llegó, estaba cerrada. Entonces, buscó otra puerta. A llegar a las paredes del corral, que no eran muy altas, vio a su escudero subir y bajar con gracia y rapidez. Don Quijote casi se pone a reír, aunque estaba muy enfadado y les gritaba.

Sin embargo, aquella gente no dejaba de mantear al pobre escudero ni Sancho dejaba de quejarse. Hasta que se cansaron y le dejaron. Le trajeron su burro y le subieron encima.

Sancho salió de la venta muy contento porque no habían pagado nada. También es verdad que el ventero se quedó con sus alforjas, aunque Sancho todavía estaba mareado y no se dio cuenta.

Sin embargo, aquella gente no dejaba de mantear al pobre escudero ni Sancho dejaba de quejarse.

CAPÍTULO XII

AVENTURA DE LOS REBAÑOS

LLEGÓ Sancho hasta donde estaba su amo. El pobre escudero estaba muy débil y mareado, y no podía hacer andar a su burro. Cuando don Quijote le vio así, le dijo:

–Ahora estoy seguro, Sancho bueno. Aquel castillo o venta está encantado sin duda, porque aquellos que se divertían contigo solo podían ser seres de otro mundo. Por eso no pude subir por las paredes del corral, ni bajarme de Rocinante para ayudarte. Seguramente me tenían encantado. Te juro, Sancho amigo, que si no es por esa razón, yo te vengo y hago que esos canallas se acuerden de mí para siempre.

–Yo también quería vengarme, pero no pude. Aunque yo creo que aquellos no eran hombres encantados, como vuestra merced dice. Eran hombres de carne y hueso como nosotros. Me parece que las aventuras que buscamos nos traen solo desventuras. Deberíamos volver a nuestra aldea y dejar de andar de la ceca a la meca[122].

–¡Qué poco sabes, Sancho –respondió don Quijote–, de asuntos de caballería! Calla y ten paciencia. Algún día te darás cuenta de la importancia que tiene este ejercicio. Si no, dime: ¿qué mayor alegría puede haber en el mundo que ganar una batalla y a nuestro enemigo? Ninguna, sin duda alguna.

–Será así –respondió Sancho–, aunque yo no lo sé. Solo sé que nunca hemos ganado ninguna batalla desde que vuestra merced es caballero andante. Solo la del vizcaíno, y de ella salió vuestra merced con media oreja y medio casco menos. Desde entonces todo ha sido palos y más palos, golpes y más golpes. Y, además, a mí me han manteado.

Don Quijote iba en estas conversaciones con su escudero, cuando vio que venía hacia ellos una gran nube de polvo. Don Quijote se volvió hacia Sancho y le dijo:

–Este es el día, ¡oh Sancho! El día, digo, de mi buena suerte. Hoy se conocerá mi valiente brazo. Hoy tengo la ocasión de hacer obras que se recordarán siempre. ¿Ves aquella nube de polvo en el camino, Sancho? Pues la levanta un grandísimo ejército que se está acercando.

–Entonces, son dos ejércitos –dijo Sancho–, porque de esta otra parte del camino se levanta también otra gran nube de polvo.

Don Quijote volvió a mirar y vio que era verdad y se alegró mucho. Tenía a todas horas la cabeza llena de aquellas batallas, disparates y amores que se cuentan en los libros de caballerías. Por eso pensó que, sin duda, eran dos ejércitos que venían a encontrarse y pelearse en mitad de aquel enorme campo.

La nube de polvo que había visto la levantaban dos grandes rebaños de ovejas que no se pudieron ver hasta que estuvieron cerca. Cada uno venía por un lado diferente del camino. Como don Quijote decía con tanta energía que eran ejércitos, Sancho lo creyó y le dijo:

–Señor, pues ¿qué tenemos que hacer nosotros?

–¿Qué? –dijo don Quijote–. Ayudar a los débiles y necesitados. Tienes que saber, Sancho, que este ejército que viene delante de nosotros lo conduce el gran emperador Alifanfarón, señor de la isla Trapobana. Este otro que viene detrás de mí es el ejército de su enemigo, el rey Pentapolín del Arremangado[123] Brazo. Le llaman así porque siempre entra en las batallas con el brazo derecho sin proteger.

–Pero ¿por qué se quieren tan mal estos dos señores? –preguntó Sancho.

–Se quieren mal –respondió don Quijote– porque este Alifanfarón no es cristiano y está enamorado de la hija de Pentapolín, una hermosa señora cristiana. Su padre no se la quiere dar si no deja primero la religión de Mahoma y se vuelve cristiano. Pero ahora subamos hasta aquellas altas piedras para ver mejor a los dos ejércitos.

Así lo hicieron. Desde allí se veían los dos rebaños que a don Quijote le parecían ejércitos de caballeros y gigantes.

–Que el diablo se lleve a los hombres, gigantes y caballeros que vuestra merced dice que están por aquí –dijo Sancho–. Yo no los veo. Quizá todo es otro encantamiento, como el de anoche.

–¿Cómo dices eso? –respondió don Quijote–. ¿No oyes los caballos y el ruido que acompaña a cada ejército?

–Solo oigo –respondió Sancho– el ruido de las ovejas.

Y era verdad, porque ya se estaban acercando los dos rebaños.

–El miedo que tienes –dijo don Quijote– te hace, Sancho, no ver ni oír lo correcto. El miedo lo cambia todo y las cosas no parecen lo que son. Si tanto te asusta, déjame solo. Mi ayuda será suficiente para dar la victoria a uno de los ejércitos.

Y después de decir esto, don Quijote, con la lanza preparada, bajó de las piedras sobre Rocinante más rápido que el viento.

Mientras, Sancho gritaba a su amo:

–¡Vuelva vuestra merced, señor don Quijote! ¡Son ovejas las que va a encontrar su lanza! Vuelva. ¿Qué locura es esta? ¿Qué es lo que hace? Mire que no hay gigante ni caballero, ni gatos, ni armas, ni escudos rotos o enteros.

Los gritos de Sancho Panza no sirvieron para nada. Don Quijote entró en medio del ejército de las ovejas y empezó a darles con su lanza como a grandes enemigos. Los pastores[124] que venían con el rebaño le gritaban, pero don Quijote no paraba. Entonces, los pastores empezaron a tirarle piedras. Pero a nuestro hidalgo no le importaba, y decía mientras corría por todas partes:

–¿Dónde estás, arrogante Alifanfarón? Acércate. Yo sólo soy un caballero que quiere quitarte la vida por el daño que haces al valiente Pentapolín Garamanta.

Entonces, llegó una piedra y le dio en dos costillas. Don Quijote creyó que estaba muerto o malherido. Se acordó de su bálsamo maravilloso, lo sacó, se lo llevó a la boca y empezó a beber. Pero antes de terminar, llegó otra piedra que le quitó tres o cuatro dientes y muelas de la boca, y le rompió dos dedos de la mano.

Los golpes fueron muy fuertes y nuestro pobre caballero se cayó del caballo. Se acercaron los pastores y creyeron que le habían matado. Por eso, recogieron rápidamente su rebaño, los animales muertos, que eran más de siete, y se fueron.

Sancho, al verle en el suelo, cuando los pastores se fueron, se acercó a su amo y le dijo:

–¿No le decía yo, señor don Quijote, que los que iba a golpear no eran ejércitos, sino rebaños?

–Todo eso puede hacer desaparecer aquel sabio ladrón, mi enemigo –respondió don Quijote–. Haz una cosa, Sancho, para que veas que es verdad lo que te digo: sube en tu burro y síguelos con cuidado. Verás cómo, cuando se alejen un poco de aquí, dejan de ser ovejas y se vuelven hombres como yo te dije. Pero no vayas ahora. Necesito tu ayuda. Acércate y mira cuántas muelas y dientes me faltan. Me parece que no me ha quedado ninguno en la boca.

Sancho se acercó mucho. Casi le metió los ojos en la boca. En ese momento, el bálsamo que había tomado empezó a funcionar y don Quijote echó en las barbas de su pobre escudero todo lo que tenía dentro.

–¡Dios mío! –dijo Sancho–. ¿Qué es esto? Sin duda mi pobre señor está muy malherido y vomita sangre por la boca.

Pero al mirar con atención, se dio cuenta de que no era sangre, sino el bálsamo que había bebido. A Sancho le dio mucho asco[125] y vomitó también sobre su señor.

Luego, Sancho fue hasta su burro. Quería sacar de las alforjas algo para limpiarse y curar a su amo. Pero no las encontró y estuvo a punto de volverse loco. En ese momento, decidió dejar a su amo y volverse a su tierra. No le importaba perder su sueldo y el gobierno de la ínsula prometida.

En esto, don Quijote se levantó y recogió al bueno de Rocinante, que había estado todo el tiempo junto a su amo. Después, se fue adonde estaba su triste escudero y al verle así, le dijo:

–No debes ponerte triste por las desgracias que a mí me ocurren, porque tú no las sufres, Sancho.

–¿Cómo que no? –respondió Sancho–. Al que ayer mantearon ¿no es el hijo de mi padre? Y las alforjas que hoy me faltan ¿no son las mías también?

–¿Que te faltan las alforjas, Sancho? –dijo don Quijote.

–Sí que me faltan –respondió Sancho.

–Entonces, no tenemos qué comer hoy –dijo don Quijote–. Sube en tu burro, Sancho el bueno, y sígueme. Dios nos ayudará, pues sabe que estamos a su servicio.

–Será como vuestra merced dice –respondió Sancho–. Pero vámonos ahora de aquí y busquemos un lugar donde dormir sin mantas, ni manteadores, ni moros encantados.

–Sancho –dijo don Quijote–, dame la mano y tócame con el dedo para saber cuántos dientes y muelas me faltan en este lado.

Metió Sancho los dedos y mientras le tocaba, le dijo:

–¿Cuántas muelas solía tener vuestra merced en esta parte?

–Cuatro –respondió don Quijote–, todas enteras y muy sanas.

–Pues en esta parte de abajo –dijo Sancho– no tiene vuestra merced más de dos muelas y media, y en la parte de arriba, ni media, ni ninguna.

–¡Mala suerte la mía! –dijo don Quijote, al oír las tristes noticias que su escudero le daba–. Una boca sin muelas es como molino sin piedra. Pero sube, amigo, y ve delante. Yo te seguiré.

Así lo hizo Sancho y tomó el camino que le pareció mejor.

CAPÍTULO XIII

AVENTURA DEL YELMO DE MAMBRINO[126]

AL poco rato, don Quijote descubrió a un hombre a caballo que traía en la cabeza una cosa que brillaba[127] como el oro. Al verle, se volvió hacia Sancho y le dijo:

–Me parece, Sancho, que todos los refranes[128] son verdaderos. Todos vienen de la experiencia, madre de todas las ciencias. Especialmente aquel que dice: «Donde una puerta se cierra, otra se abre». Lo digo porque si anoche la suerte nos cerró la puerta que buscábamos, ahora nos abre otra de par en par[129] para encontrar una aventura mejor y más cierta. Digo esto porque si no me equivoco, viene hacia nosotros uno que trae en su cabeza el yelmo de Mambrino.

–Mire vuestra merced bien lo que dice y mejor lo que hace –dijo Sancho.

–¡Que el diablo te lleve por mal hombre! –protestó don Quijote–. ¿No ves a aquel caballero que viene hacia nosotros a caballo y que trae en la cabeza un yelmo de oro?

–Lo que yo veo y adivino –respondió Sancho– es un hombre sobre un burro como el mío, que trae sobre la cabeza una cosa que brilla.

–Pues ese es el yelmo de Mambrino –dijo don Quijote–. Aléjate un poco y déjame solo con él. Verás cómo sin hablar palabra, por ganar tiempo, termino esta aventura y me llevo el yelmo que tanto he soñado.

Realmente el yelmo, el caballo y el caballero que don Quijote veía era esto: un barbero que traía una bacía[130] de lata sobre la cabeza. Como llovía, se la había puesto para no mojarse el sombrero, que seguramente era nuevo. La bacía estaba limpia y brillaba mucho. Venía sobre un burro, como Sancho dijo, pero a don Quijote le pareció caballo, y caballero y yelmo de oro. Todas las cosas que veía las cambiaba con mucha facilidad por sus locas caballerías y equivocados pensamientos.

Cuando don Quijote vio que el pobre caballero estaba cerca, sin decir palabra, corrió hacia él sobre Rocinante con la lanza baja para cruzarle de parte a parte con ella. Y cuando estuvo cerca, sin parar su carrera, le dijo:

–¡Defiéndete, ser canalla, o dame voluntariamente lo que con tanta razón se me debe!

El barbero, al ver venir aquel ser contra él, tuvo que saltar del burro para poder protegerse del golpe de la lanza. Cuando tocó el suelo, se levantó más ligero que el viento y empezó a correr por aquel campo. Y se dejó la bacía en el suelo. Entonces, don Quijote mandó a Sancho levantar el yelmo. El escudero, al tenerlo en las manos, dijo:

–Por Dios que la bacía es buena y seguro que vale ocho reales.

Y se la dio a su amo, que se la puso luego en la cabeza y dijo:

–Sin duda el moro que fabricó este famoso yelmo tenía una grandísima cabeza. Y lo peor es que le falta la mitad.

Cuando Sancho oyó llamar «yelmo» a la bacía, empezó a reírse. Pero enseguida recordó el fuerte mal humor de su amo y se calló de pronto.

–¿De qué te ríes, Sancho? –dijo don Quijote.

–Me río –respondió él– de pensar en la gran cabeza que tenía el dueño de este medio yelmo, que parece más una bacía de barbero.

–¿Sabes qué imagino, Sancho? Que este famoso yelmo encantado llegó por accidente a las manos de alguien que no supo lo que valía. Por eso, sin saber lo que hacía, al ver que era de oro buenísimo, seguramente vendió la mitad para sacarle dinero. Con la otra mitad hizo esto que parece bacía de barbero, como tú dices. Pero su cambio no me importa, pues yo lo conozco bien. Lo haré arreglar y mientras, lo llevaré como está. Pues más vale algo que nada. Y así me servirá para defenderme de alguna piedra.

–Así será –dijo Sancho– si no las tiran muy fuerte, como en la pelea de los dos ejércitos. Allí le rompieron a vuestra merced las muelas. Pero dejemos esto a un lado. Dígame vuestra merced qué hacemos con este caballo que parece más un burro. Lo dejó aquí solo aquel Martino[131] que vuestra merced tiró. ¡Es bueno el animal!

–Yo no suelo –dijo don Quijote– robar a los que gano. No es costumbre de caballería quitarles los caballos y dejarlos a pie. Solo es justo tomar el caballo del perdedor si el ganador ha perdido el suyo en la pelea. Pues en ese caso se ha ganado en justa batalla. Así que, Sancho, deja ese caballo o burro. Su dueño volverá a recogerlo cuando nos vea lejos de aquí.

–La verdad es que son estrechas las leyes de caballería –protestó Sancho–, pues no dejan cambiar un burro por otro. Entonces, querría saber si podría cambiar la silla y las cosas de montar.

–En eso no estoy muy seguro –respondió don Quijote–, pero hasta estar mejor informado, puedes cambiarlas si las necesitas mucho.

Así lo hizo Sancho. Después, comieron algo y bebieron agua de un pequeño río. Subieron al caballo y al burro, y no tomaron ningún camino, como solían hacer los caballeros andantes. Se pusieron a caminar por donde Rocinante quiso, en buen amor y compañía.

–Me río –respondió él– de pensar en la gran cabeza que tenía el dueño de este medio yelmo, que parece más una bacía de barbero.

Mientras caminaban, dijo Sancho a su amo:

–Señor, he estado pensando que estamos ganando muy poco con estas peligrosas aventuras que buscamos por los caminos y que nadie conoce. Si a vuestra merced le parece bien, yo creo que podemos ir a servir a algún emperador o príncipe. Así vuestra merced enseñará su valentía, gran fuerza y mayor inteligencia.

–No dices mal, Sancho –respondió don Quijote–, pero antes debemos andar por el mundo, buscar aventuras y ganar fama. Así, cuando lleguemos al palacio de algún rey, este ya me conocerá por mis obras.

–Eso espero –dijo Sancho.

–No lo dudes –contestó don Quijote.

CAPÍTULO XIV

AVENTURA DE LOS GALEOTES[132]

DON Quijote levantó los ojos y vio que por el camino venían unos doce hombres a pie, atados por el cuello y por las manos con una gran cadena[133] de hierro. Venían con ellos dos hombres a caballo y dos a pie. Todos llevaban armas. Cuando Sancho Panza los vio, dijo:

–Estos son galeotes, gente obligada por el rey, que va a las galeras[134].

–¿Cómo gente obligada? –preguntó don Quijote.

–Es gente –respondió Sancho– que por sus crímenes tiene como castigo servir al rey en las galeras.

–En resumen –dijo don Quijote–, esta gente va por obligación, es decir, a la fuerza.

–Así es –dijo Sancho.

–Pues aquí –dijo su amo– es necesario mi oficio: ayudar a los desgraciados.

–Mire vuestra merced –dijo Sancho– que la justicia del rey no ofende a esta gente, sino que la castiga por sus crímenes.

En esto, llegaron los galeotes. Don Quijote les preguntó muy amablemente a los guardias que por qué llevaban así a aquella gente.

Uno de los guardias que iba a caballo respondió que eran galeotes, gente del rey que iba a galeras, y que no había más que decir, ni él tenía más que saber.

–Pero –dijo don Quijote– yo querría saber de cada uno de ellos el motivo de su desgracia.

Como don Quijote dio más razones para sacarles la información que quería, el otro guardia que iba a caballo le dijo:

–Aunque lo llevamos todo escrito, este no es momento de pararnos a leer. Acérquese vuestra merced y pregúnteselo a ellos mismos. Ellos se lo dirán si quieren.

Con este permiso, don Quijote se acercó al primero y le preguntó que por qué le habían castigado. Él le respondió que por enamorado.

–¿Por eso nada más? –preguntó don Quijote–. Pues si por enamorado echan a galeras, hace días que yo debía estar sufriendo en ellas.

–No son amores como los que vuestra merced piensa –dijo el galeote–. Es que yo quise mucho a una cesta llena de ropa blanca. Me abracé fuertemente a ella y la robé. Ahora tengo que estar tres años en galeras.

Don Quijote preguntó lo mismo al segundo galeote, que no respondió nada porque iba triste y apagado. Pero el primero respondió por él y dijo:

–Este, señor, va por músico y cantor.

–Pues ¿cómo? –preguntó don Quijote–. ¿Por músicos y cantores van también a galeras?

–Sí, señor –respondió el galeote–. No hay cosa peor que *cantar*.

–Pero yo he oído decir –dijo don Quijote– que quien canta sus males espanta[135].

–Sin embargo, aquí quien canta una vez llora toda la vida –dijo el galeote.

–No lo entiendo –dijo don Quijote.

Entonces, uno de los guardias le explicó:

–Señor caballero, para esta mala gente cantar es confesar[136] su crimen ante la justicia. Este confesó que era ladrón de animales. Por eso va a pasar seis años en galeras.

Después, don Quijote pasó al tercero y le preguntó lo mismo que a los otros. Este le respondió alegremente:

–Yo voy a estar cinco años en las señoras galeras por faltarme diez ducados[137].

–Yo daré veinte muy contento –dijo don Quijote– para salvaros de esa pena.

–Ahora ya no sirven de nada –respondió el galeote–. Pero Dios es grande. Hay que tener paciencia y nada más.

Don Quijote pasó al cuarto galeote, que era un hombre de aspecto respetable, con una larga barba blanca. Cuando oyó que don Quijote le preguntaba que por qué estaba allí, empezó a llorar y no respondió ni una palabra. A Sancho le dio mucha pena y le dio un real.

Pasó adelante don Quijote y preguntó a otro su crimen:

–Yo voy aquí porque me acosté con dos primas mías y con otras dos hermanas que no lo eran mías. Tuve muchos hijos. No tenía dinero. Al final, por mi culpa, me castigaron a seis años en galeras. Soy joven. Ojalá mi vida sea larga, pues con ella todo se alcanza. Si vuestra merced, señor caballero, lleva alguna cosa para ayudar a estos pobres, Dios se lo pagará en el cielo. Y nosotros en la tierra rezaremos a Dios por la vida y la salud de vuestra merced.

Detrás de todos estos venía un hombre de unos treinta años, con buen aspecto. Iba muy bien atado. Traía una enorme cadena al pie y alrededor de todo el cuerpo, el cuello, la cintura y las manos. Don

Quijote preguntó que por qué iba aquel hombre con tantas cadenas. El guardia le respondió que aquel galeote tenía muchos crímenes. Aunque le llevaban así atado, los guardias no se sentían seguros. Pensaban que se les podía escapar, pues era valiente y muy malo.

–¿Qué crímenes puede tener –dijo don Quijote– si solo ha recibido el castigo de echarle a galeras?

–Va a estar allí diez años –contestó el guardia–, que es como ir a la muerte. Este buen hombre es el famoso Ginés de Pasamonte[138].

–Señor caballero –dijo entonces el galeote a don Quijote–, si tiene algo que darnos, dénoslo ya y vaya con Dios, porque ya enfada ese interés suyo por saber vidas de otros. Y si la mía quiere saber, sepa que yo soy Ginés de Pasamonte y que mi vida está escrita por estas manos.

–Dice la verdad –dijo el guardia–. Él mismo ha escrito su historia. El libro lo ha dejado en la cárcel y dan por él doscientos reales.

–¿Tan bueno es? –dijo don Quijote.

–Mejor que el *Lazarillo de Tormes*[139] –respondió Ginés.

–¿Y cómo se llama el libro? –preguntó don Quijote.

–*La vida de Ginés de Pasamonte* –respondió el galeote.

–¿Y está acabado? –preguntó don Quijote.

–¿Cómo puede estar acabado –respondió él– si todavía no está acabada mi vida?

En estas conversaciones estaban, cuando don Quijote les dijo a los galeotes:

–Después de escucharos, queridos hermanos, he entendido que el castigo que vais a sufrir no os gusta y vais a él con muy pocas ganas. La orden de caballería a la que sirvo me manda ayudar a los maltratados. Por eso, les pido amablemente a estos señores guardias que os desaten y que os dejen ir en paz.

–¡Qué tontería! –respondió el guardia–. ¡Quiere que dejemos libres a los galeotes del rey! ¡Nosotros no tenemos poder para hacerlo ni vuestra merced lo tiene para mandárnoslo! Váyase vuestra merced, señor, siga su camino y no busque tres pies al gato[140].

–¡Vos sois el gato, el ratón y el canalla! –respondió don Quijote.

Después de decir esto, se fue contra él sin darle tiempo para defenderse. Le tiró al suelo con la lanza y le dejó malherido. Al principio, los demás guardias se quedaron quietos por la sorpresa. Pero luego tomaron sus armas y se fueron contra don Quijote, que con mucha tranquilidad los estaba esperando. Don Quijote tuvo suerte: en ese momento, los galeotes vieron la ocasión de ser libres y empezaron a romper sus cadenas. Los guardias intentaban parar a los galeotes e ir contra don Quijote, pero no podían hacer las dos cosas al mismo tiempo.

Sancho ayudó a desatarse a Ginés de Pasamonte. Este fue el primero que quedó libre y después de ir contra el guardia que estaba en el suelo, le quitó todas las armas. No quedó un solo guardia en aquel campo, pues todos se fueron corriendo. Escapaban de Ginés de Pasamonte y de las piedras que los otros galeotes ya libres les tiraban.

Entonces, don Quijote llamó a todos los galeotes, que estaban como locos y le habían quitado la ropa a uno de los guardias. Los galeotes se pusieron a su alrededor para ver qué les mandaba, y don Quijote les dijo:

–Es de gente buena dar las gracias por los favores recibidos. Por eso, quiero que os pongáis en camino hacia el Toboso. Allí os presentaréis a mi señora Dulcinea del Toboso y le diréis que os envía su caballero don Quijote. Le contaréis con todo detalle esta famosa aventura. Después, seréis libres.

Respondió por todos Ginés de Pasamonte y dijo:

–Eso es imposible, señor nuestro, porque no podemos ir juntos por los caminos. Tenemos que ir solos y separados, cada uno por su lado. Debemos escondernos para que no nos encuentre la Santa Hermandad, que sin duda nos estará buscando. En lugar de ese favor, nosotros podemos rezar de día y de noche por vuestra merced. Pero pedir que vayamos hasta el Toboso es como pedir peras al olmo[141].

–Pues ¡ahora verás! –dijo don Quijote enfadadísimo.

Pasamonte, que ya se había dado cuenta de que don Quijote estaba loco, al verse tan mal tratado, avisó a sus compañeros y se alejó un poco. En ese momento, empezaron a llover piedras sobre nuestro caballero, que intentaba protegerse con el escudo. Sancho se puso detrás de su burro y con él se defendía de la nube de piedras que llovía sobre ellos. Muchas piedras le dieron con fuerza a don Quijote y le tiraron al suelo. Entonces, se fueron sobre él los galeotes y le quitaron todo lo que traía: la bacía de la cabeza, la ropa y la armadura. A Sancho le quitaron todo menos la camisa.

Solo quedaron burro y Rocinante, Sancho y don Quijote. El burro, con la cabeza baja. Rocinante, tirado en el suelo. Sancho, en camisa, preocupado por la Santa Hermandad. Y don Quijote, muy triste al verse tan maltratado por los mismos a los que él había salvado.

CAPÍTULO XV

SANCHO LLEVA UNA CARTA A DULCINEA

DON Quijote, al verse tan malherido, dijo a su escudero:

–Siempre, Sancho, he oído decir que hacer el bien a villanos es como echar agua en el mar[142]. No te creí e hice mal. Pero ya está hecho. Ahora hay que tener paciencia y aprender la lección para el futuro.

–Créame ahora –dijo Sancho– y evitará una pena mayor, porque debe saber que con la Santa Hermandad no sirven leyes de caballerías.

–Eres cobarde, Sancho –dijo don Quijote–. Pero, por esta vez, seguiré tu consejo para que no digas que nunca hago lo que me pides.

Subió don Quijote sobre Rocinante sin decir una palabra más. Entraron en Sierra Morena porque Sancho quería esconderse allí algunos días, para no ser encontrados por la justicia.

En cuanto don Quijote entró por aquellas montañas, se le alegró el corazón. Aquellos lugares le parecían perfectos para las aventuras que buscaba. Mientras nuestro hidalgo iba pensando en estas cosas, Sancho iba detrás de su amo y se llenaba la panza con algunas cosas que llevaba.

Poco a poco fueron entrando en la parte más escondida de la montaña.

–Señor –dijo Sancho–, ¿es buena ley de caballería andar perdidos por estas montañas, sin camino?

–Calla, te digo, Sancho –respondió don Quijote–, porque quiero que sepas que voy a hacer aquí algo que me dará nombre y fama para siempre.

–¿Y es muy peligroso? –preguntó Sancho Panza.

–No –respondió el Caballero de la Triste Figura, como llamaba Sancho a su amo–, pero todo depende de ti.

–¿De mí? –dijo Sancho.

–Sí –dijo don Quijote–, porque si vuelves pronto de donde pienso enviarte, pronto se acabará mi pena y pronto comenzará mi gloria. Quiero, Sancho, que sepas que el famoso Amadís de Gaula fue uno de los más perfectos caballeros andantes. Y una de las veces que este caballero se portó como un valiente fue cuando se alejó para hacer penitencia[143] a la Peña Pobre porque había sido despreciado[144] por su señora Oriana. Y este es el lugar perfecto para seguir su ejemplo.

–¿Y qué quiere hacer vuestra merced en este escondido lugar? –preguntó Sancho.

–¿No te lo he dicho ya? –respondió don Quijote–. Quiero hacer lo mismo que Amadís y volverme loco.

–Me parece a mí –dijo Sancho– que los caballeros tenían una razón para hacer esas penitencias. Pero vuestra merced ¿qué razón tiene para volverse loco? ¿Es que tiene motivos para creer que la señora Dulcinea del Toboso ha hecho alguna tontería con moro o cristiano?

–Volverse loco con razón –respondió don Quijote– no tiene ni gracia ni interés para un caballero andante. El asunto es hacer locuras sin motivo para que mi dama piense: «Si hace esto sin motivos, ¿qué no hará cuando los tenga?». Así que, Sancho amigo, no gastes tiempo en aconsejarme. Loco soy, loco seré hasta que tú vuelvas con la respuesta de una carta que pienso enviar contigo a mi señora Dulcinea.

Con esta conversación, llegaron al pie de una alta montaña. Por allí corría un pequeño río de aguas tranquilas alrededor de un prado verde. Había muchos árboles, y algunas plantas y flores que hacían el lugar agradable. Nuestro Caballero de la Triste Figura escogió este sitio para hacer su penitencia y empezó a decir disparates en voz alta.

–Ahora me falta –dijo don Quijote– romper mi ropa, tirar por el suelo las armas y darme golpes contra las piedras.

–Por amor de Dios –dijo Sancho–, ¿no puede darse los golpes en el agua o en alguna cosa blanda, como algodón? Yo le diré a mi señora que vuestra merced se golpeaba contra la piedra más dura.

–Te doy las gracias, amigo Sancho –respondió don Quijote–, pero eso es ir contra las órdenes de caballería, que nos mandan no decir ninguna mentira.

–Escriba entonces la carta y despídame enseguida –dijo Sancho.

–Quiero que sepas que Dulcinea no sabe escribir ni leer y nunca ha visto una carta mía. Hace doce años que la quiero y la he visto menos de cuatro veces. Su padre Lorenzo Corchuelo y su madre Aldonza Nogales la guardan con gran cuidado.

–¿Que la hija de Lorenzo Corchuelo es la señora Dulcinea del Toboso, llamada también Aldonza Lorenzo? –dijo Sancho.

–Esa es –dijo don Quijote–, y es la que merece ser señora de todo el universo.

–La conozco bien –dijo Sancho–. ¡Por Dios que es moza hecha y derecha[145] y de pelo en pecho[146]!

–Hablas demasiado, Sancho –dijo don Quijote–. Debes saber que yo imagino a Aldonza Lorenzo como la quiero: hermosa y buena. Para mí es la mejor princesa del mundo.

–Tiene razón vuestra merced –respondió Sancho–. Yo soy un burro[147]. Pero venga la carta, y adiós, me voy.

Don Quijote se alejó un poco. Con mucha tranquilidad comenzó a escribir la carta. Cuando la acabó, llamó a Sancho y le dijo que se la quería leer, pues tenía que recordarla. A esto respondió Sancho:

–Pensar que yo la puedo aprender de memoria es disparate. Tengo la cabeza muy mala y muchas veces se me olvida cómo me llamo. Pero dígamela vuestra merced, porque me gustará mucho oírla.

–Escucha –dijo don Quijote–. Dice así:

CARTA DE DON QUIJOTE A DULCINEA DEL TOBOSO

Poderosa y gran señora:

El herido en el corazón por no tener tu presencia, dulcísima Dulcinea del Toboso, te envía la salud que él no tiene. Si tu hermosura me desprecia, si no estás conmigo, aunque yo sé sufrir, mal podré soportar esta pena tan fuerte y ya tan larga.

Mi buen escudero Sancho te dará detalles, ¡oh hermosa amada enemiga mía!, de cómo estoy por tu culpa. Si quieres salvarme, tuyo soy. Y si no quieres, acabaré con mi vida. Tuyo hasta la muerte,

El Caballero de la Triste Figura

–Por la vida de mi padre –dijo Sancho al oír la carta–, es la más elegante cosa que nunca he oído. ¡Y qué bien queda la firma *El Caballero de la Triste Figura*! Ahora prepárese para despedirse. Enseguida pienso marcharme sin ver las tonterías que vuestra merced tiene que hacer, aunque diré que las vi.

–Pero quiero, Sancho, que me veas hacer una o dos docenas de locuras antes de irte porque es necesario así. Las haré en menos de media hora.

–Por amor de Dios, señor mío, no quiero ver así a vuestra merced. Me dará mucha pena y no podré dejar de llorar.

–Espérate, Sancho –dijo don Quijote–. En un momento haré esas locuras.

Y se quitó rápidamente la ropa y se quedó solo en camisa. Luego, saltó dos veces mientras se tocaba los pies con las manos. Después, subió los pies mientras ponía las manos en el suelo y enseñó cosas que Sancho no había querido ver. El escudero, que lo vio todo, ya podía jurar que su amo estaba loco. Y así se fue.

CAPÍTULO XVI

EL CURA Y EL BARBERO EN BUSCA DE DON QUIJOTE

SANCHO Panza se puso a buscar el camino hacia el Toboso y al día siguiente llegó a la venta donde le habían manteado. No quería entrar, pero dudaba porque era la hora de comer y tenía muchas ganas de tomar algo caliente.

En esto, salieron de allí dos personas que enseguida le conocieron. Eran el cura y el barbero de su mismo lugar, los que habían quemado los libros de don Quijote. El cura le llamó por su nombre y le dijo:

–Amigo Sancho Panza, ¿dónde está vuestro amo?

Cuando Sancho Panza los conoció, decidió no decirles dónde estaba su amo ni qué hacía allí. Así, les respondió que su amo estaba ocupado en un sitio y en una cosa de mucha importancia y que no podía decir más.

–No, no, Sancho Panza –dijo el barbero–. Si vos no nos decís dónde está, imaginaremos, como ya imaginamos, que vos le habéis matado y robado.

–Yo no soy hombre que robo ni mato a nadie –contestó Sancho–. Mi amo está haciendo penitencia en mitad de esta montaña.

Y luego, sin parar, les contó cómo se había quedado don Quijote y las aventuras que le habían ocurrido. También les contó que él llevaba una carta a la señora Dulcinea del Toboso, la hija de Lorenzo Corchuelo, y que don Quijote estaba totalmente enamorado de ella.

Los dos estaban sorprendidos de lo que Sancho Panza les contaba. Y aunque ya conocían la locura de don Quijote, cuando la oían, se sorprendían otra vez.

El cura y el barbero le pidieron a Sancho Panza la carta que llevaba a la señora Dulcinea del Toboso. Sancho Panza se puso a buscarla, pero no la encontró ni la podía encontrar. Don Quijote no se la había dado y él tampoco se había acordado de pedírsela.

Cuando Sancho vio que no encontraba la carta, se puso pálido como un muerto y empezó a darse golpes. El cura y el barbero le preguntaron que qué le pasaba.

–He perdido la carta para Dulcinea –respondió Sancho–, pero la sé casi de memoria.

–Decidla, Sancho –dijo el barbero–, pues luego la copiaremos.

–Si no recuerdo mal, decía: «el herido besa a vuestra merced las manos, desagradable y desconocida hermosa», y no sé qué decía de salud y de enfermedad que le enviaba, hasta que acababa en «Vuestro hasta la muerte, el Caballero de la Triste Figura».

Los dos se divirtieron mucho con la buena memoria de Sancho Panza. Él repitió la carta otras tres veces porque así se lo pidieron y cada vez volvía a decir otros tres mil disparates.

Después de esto, Sancho siguió contando más cosas sobre su amo. Dijo que iba a ser emperador o rey y que él se iba a casar con una rica doncella de la emperatriz. El cura y el barbero se sorprendieron de la locura de don Quijote, que también había vuelto loco a aquel pobre hombre.

–Ahora tenemos que pensar –dijo el cura a Sancho– cómo sacar a vuestro amo de aquella inútil penitencia que decís que está haciendo.

El cura y el barbero entraron en la venta. Después de pensar bien entre los dos la manera de sacar a don Quijote de allí y llevarle a su lugar, el cura le dijo al barbero:

–He pensado que yo me vestiré de doncella andante y vos de escudero. Iremos así vestidos hasta donde está don Quijote. Yo seré una triste y pobre doncella y le pediré que me acompañe para deshacer alguna ofensa. Don Quijote, por ser valiente caballero andante, no podrá decir que no.

Al barbero no le pareció mal la idea del cura. Le pidieron a la ventera una falda larga y unas telas para ponerse en la cabeza. El barbero fabricó una barba con pelo de animal y el cura se puso un sombrero muy grande que le podía servir como sombrilla. Se despidieron de todos y salieron de la venta. Cuando ya estaban fuera, el cura le dijo al barbero:

–Os pido por favor que cambiemos los trajes, porque es más justo que vos seáis la pobre doncella y yo vuestro escudero. No está bien que un cura como yo vaya así vestido.

El barbero aceptó el cambio. En esto, llegó Sancho, que los había esperado fuera de la venta, y al ver a los dos con aquel traje, se puso a reír. Le explicaron que ir así vestidos era de gran importancia para sacar a su amo de aquella mala vida que había escogido. Después, se fueron todos a buscar a don Quijote. Sancho iba delante.

Al día siguiente llegaron cerca del lugar donde el escudero había dejado a su señor.

–Es mejor que yo vaya delante a buscar a mi amo –dijo Sancho Panza.

Al cura y al barbero les pareció bien y le dijeron:

–Decidle que le habéis dado la carta a Dulcinea y que ella, por no saber leer, os ha respondido de palabra. Decidle que ella quiere que vaya a verla. Nosotros os esperaremos aquí.

Sancho entró por aquellas montañas y dejó a los dos en aquel lugar donde corría un pequeño río tranquilo. En esto, llegó hasta ellos una dulce y triste voz que decía:

–¡Ay, Dios! ¡Qué agradable compañía me harán estas altas piedras y malas hierbas, pues aquí podré contar mi desgracia al cielo!

Se levantaron el cura y el barbero, y detrás de una gran piedra, vieron, sentado debajo de un árbol, a un mozo vestido como labrador. No se le veía la cara porque se estaba lavando los pies en el río que por allí corría. El mozo acabó de lavárselos y levantó la cabeza. Entonces, los dos pudieron ver su hermosísima cara. Después, se quitó el sombrero, movió la cabeza a una y a otra parte, y empezaron a aparecer sus largos y rubios cabellos[148]. Con esto, el cura y el barbero se convencieron de que el mozo que parecía labrador era una mujer.

Decidieron entonces salir de donde estaban escondidos. Al ponerse de pie, hicieron ruido, y la hermosa moza los vio y quiso escapar.

–Esperad, señora. Los que aquí veis solo quieren serviros –dijo el cura–. Contadnos vuestra buena o mala suerte. En nosotros encontraréis una ayuda para vuestras desgracias.

Ella estaba asustada y no respondía palabra, pero respiró profundamente y rompió su silencio. Con voz clara y tranquila Dorotea, que así se llamaba la hermosa moza, comenzó a contarles la historia de su vida. Les explicó que era la hija de un rico labrador que había sido despreciada por el hijo de un duque[149] y se había escondido en aquellas montañas.

En esto, llegó Sancho Panza y le preguntaron por don Quijote. El escudero les explicó que le había encontrado en camisa, muy delgado, amarillo y muerto de hambre. Solo pensaba en su señora Dulcinea y no quería aparecer ante ella hasta vivir grandes aventuras.

–No os preocupéis, amigo Sancho –dijo el cura–. Nosotros le sacaremos de allí.

Le contaron a Dorotea la desgracia de don Quijote y cómo habían pensado llevarle a casa. Entonces, ella dijo:

–Yo seré la pobre doncella mejor que el barbero. Dejadme hacer a mí, pues he leído muchos libros de caballerías y sé bien el estilo que tienen las doncellas cuando piden sus favores a los andantes caballeros.

Dorotea se vistió entonces como una gran señora.

Sancho preguntó al cura que quién era esa moza, la más hermosa que había visto en todos los días de su vida.

–Esta hermosa señora, Sancho hermano –respondió el cura–, es la princesa Micomicona, del reino de Micomicón, que viene en busca de vuestro amo para pedirle un favor.

Dorotea ya se había puesto sobre la mula del cura y el barbero se había colocado la barba falsa.

–Sancho, llevadnos donde está don Quijote –le pidieron.

Habían andado tres cuartos de legua cuando descubrieron a don Quijote ya vestido, aunque no armado, entre unas altas piedras. Dorotea se bajó de su mula con ayuda de su *escudero*, se puso de rodillas delante de don Quijote, que intentaba levantarla, y le dijo así:

–De aquí no me levantaré, ¡oh valiente y famoso caballero!, si no me dais el favor que os pido.

Y en esto, se acercó Sancho Panza y le dijo a su señor en voz muy baja:

–Bien puede vuestra merced, señor, darle el favor que pide, que es cosa sin importancia. Solo tiene que matar a un enorme gigante.

La que esto os pide es la princesa Micomicona, del gran reino Micomicón de Etiopía.

Don Quijote se volvió a la doncella y dijo:

–Levántese hermosa princesa. Yo le doy el favor que quiere pedirme.

La pobre doncella intentó besarle las manos, pero don Quijote, elegante y amable caballero, no se lo permitió. La obligó a levantarse y la abrazó con mucha cortesía.

–Acércate un poco, Sancho –dijo don Quijote–. Tengo que preguntarte algo de mucha importancia.

Así lo hizo Sancho. Se alejaron los dos un poco y le dijo don Quijote:

–Desde que viniste, amigo Sancho, no he podido preguntarte todavía muchos detalles sobre la carta que llevaste y la respuesta que trajiste. ¿Dónde y cómo encontraste a Dulcinea? ¿Qué hacía? ¿Qué le dijiste? ¿Qué te respondió? ¿Qué cara puso cuando leyó la carta?

–Señor –respondió Sancho–, si tengo que decir la verdad, yo no llevé ninguna carta.

–Así es como tú dices –dijo don Quijote–, porque yo la encontré dos días después de tu salida. Y eso me puso muy triste, pues no sabía qué ibas a hacer tú sin la carta.

–Como la recordaba, se la dije a un sacerdote que me la copió punto por punto. Y me dijo que nunca, en toda su vida, había leído una carta tan bonita como aquella.

–Eso me alegra. Sigue contándome –dijo don Quijote–. Llegaste ¿y qué hacía aquella reina de la hermosura? ¿Qué hizo cuando le diste la carta? ¿La besó? ¿Qué te preguntó de mí? Y tú ¿qué le respondiste? Cuéntamelo todo, que no se te olvide ni un detalle.

–Estaba trabajando y no me preguntó nada –respondió Sancho–, pero yo le dije que vuestra merced estaba haciendo penitencia por ella.

–Y bien –continuó don Quijote–, ¿qué hizo mi señora Dulcinea cuando leyó la carta?

–La carta –dijo Sancho– no la leyó, porque dijo que no sabía leer ni escribir. La rompió y me dijo que era suficiente lo que yo le había contado sobre el amor que vuestra merced sentía por ella. Me dijo también que allí se quedaba con muchas ganas de verle.

–Entonces, todo va bien hasta ahora –dijo don Quijote.

En esto, el barbero quiso parar para comer y beber un poco. Don Quijote se paró también y Sancho se alegró mucho. Estaba cansado de mentir y tenía miedo de ser descubierto por su amo. Porque la verdad era que, aunque él sabía que Dulcinea era una labradora del Toboso, no la había visto en toda su vida.

CAPÍTULO XVII

AVENTURA DE LOS CUEROS[150] DE VINO

TERMINARON la buena comida y siguieron su camino. Al día siguiente llegaron a la venta que tanto miedo le daba a Sancho Panza. Aunque él no quería entrar en ella, esta vez no lo pudo evitar. La ventera, el ventero, su hija y Maritornes, que vieron venir a don Quijote y a Sancho, los salieron a recibir muy contentos.

–Prepárenme una cama –dijo don Quijote– mejor que la de la vez pasada.

–Si la paga mejor que la otra vez –respondió la ventera–, yo le daré una cama de príncipes.

–Así lo haré –contestó don Quijote.

Le prepararon una cama aceptable en la misma habitación que la otra vez. Y él se acostó enseguida porque venía muy cansado y con la cabeza perdida.

El cura pidió algo de comer al ventero y este se lo preparó. Mientras, don Quijote dormía y decidieron no despertarle porque en esos momentos era mejor para él dormir que comer.

Después de la comida, hablaron con el ventero, su mujer, su hija, Maritornes y todos los viajeros que allí estaban de la extraña locura de don Quijote y de cómo le habían encontrado. La ventera les contó todo lo que les había ocurrido la vez anterior con don Quijote y el arriero, y el manteamiento de Sancho.

Cuando el cura dijo que los libros de caballerías que don Quijote había leído le habían vuelto loco, el ventero recordó que tenía algunos libros en una maleta. Fue a buscarlos y de todos ellos escogieron uno que se llamaba: *Novela del curioso impertinente*[151]. Leyó el cura en voz baja tres o cuatro líneas y dijo:

–No me parece mal el título de esta novela, y la verdad es que tengo ganas de leerla toda.

Como el cura vio que todos querían oírla, empezó a leerla en voz alta.

Cuando quedaba ya poco para terminar la novela, Sancho Panza salió todo asustado de la habitación donde descansaba don Quijote. El escudero gritaba:

–Venid pronto, señores, y ayudad a mi señor, que está metido en la más difícil batalla que mis ojos han visto. ¡Le ha dado una cuchillada[152] al gigante enemigo de la señora princesa Micomicona, y le ha cortado la cabeza como a un pollo!

–¿Qué decís, hermano? –dijo el cura después de dejar de leer la novela–. ¿Estáis bien, Sancho? ¿Cómo diablos puede ser eso que decís si el gigante está a dos mil leguas de aquí?

En esto, oyeron un gran ruido en la habitación y a don Quijote que gritaba:

–¡Quieto, ladrón, malandrín[153]! ¡Aquí te tengo y no te va a servir tu espada!

Y parecía que daba grandes cuchilladas por las paredes. Y dijo Sancho:

–No tienen que quedarse a escuchar, sino entrar y parar la pelea o ayudar a mi amo. Aunque ya no será necesario, porque sin duda alguna el gigante ya está muerto. Yo vi correr la sangre por el suelo, y la cabeza cortada y caída a un lado, que es tan grande como un gran cuero de vino.

–¡Quieto, ladrón, malandrín! ¡Aquí te tengo y no te va a servir tu espada!

–Seguro –dijo entonces el ventero– que don Quijote o don diablo ha dado alguna cuchillada en alguno de los cueros de vino tinto que había en esa habitación. Y seguramente el vino que ha salido es lo que le parece sangre a este buen hombre.

Y con esto, el ventero entró en la habitación y todos fueron detrás de él. Allí encontraron a don Quijote con el más extraño traje del mundo. Estaba en camisa y se le veían las piernas, que eran muy largas y delgadas, sucias y llenas de pelos. Tenía en la cabeza un gorro de dormir rojo, que era del ventero. Alrededor del brazo izquierdo llevaba la manta de la cama y en la mano derecha tenía la espada. Con ella daba cuchilladas a todas partes. Parecía que de verdad estaba peleando con algún gigante.

Lo curioso es que don Quijote no tenía los ojos abiertos, porque estaba durmiendo y soñando que estaba en batalla con el gigante. Soñaba que ya había llegado al reino de Micomicón y que ya estaba en la pelea con su enemigo. Había dado muchas cuchilladas en los cueros porque creía que las daba en el gigante, y toda la habitación estaba llena de vino.

Cuando el ventero vio esto, se enfadó mucho. Se fue contra don Quijote y empezó a darle golpes hasta que el cura le quitó de encima. Pero ni con los golpes se despertaba nuestro pobre caballero. Solo lo hizo cuando el barbero trajo agua fría del pozo y se la echó de pronto por todo el cuerpo.

Sancho estaba buscando la cabeza del gigante por todo el suelo y como no la encontraba, dijo:

–Yo ya sé que todo en esta casa está encantado. La otra vez, en este mismo lugar donde ahora estoy, me dieron muchos golpes en la cara sin saber quién me los daba, pues nunca pude ver a nadie. Y ahora no aparece por aquí la cabeza, que vi cortar con mis mismos ojos, y la sangre, que corría del cuerpo como un río.

–¿Qué sangre ni qué río dices, enemigo de Dios y de sus santos? –dijo el ventero–. ¿No ves, ladrón, que la sangre y el río son estos cueros que aquí están llenos de agujeros y el vino tinto que nada en esta habitación?

Y el ventero se volvía loco de ver al escudero y a su señor. Juraba que esta vez no iba a ser como la pasada, cuando se fueron sin pagar.

Mientras esto ocurría, el cura tenía de las manos a don Quijote. Como nuestro hidalgo creía que ya había acabado la aventura y que estaba delante de la princesa Micomicona, se puso de rodillas delante del cura y dijo:

–Hermosa señora, desde hoy podéis vivir más segura, porque este malnacido ser ya no puede haceros mal. Por eso, yo también desde hoy quedo libre de la palabra que os di.

–¿No lo dije yo? –dijo Sancho al oír esto–. No estaba borracho. ¡Mirad cómo mi amo ya ha matado al gigante!

¿Quién no se iba a reír con los disparates de los dos, amo y escudero? Todos se reían menos el ventero.

Después de mucho trabajo, el cura y el barbero consiguieron meter a don Quijote en la cama. Se quedó dormido y le dejaron dormir porque estaba cansadísimo.

El ventero y la ventera seguían muy enfadados. El cura los tranquilizó y les prometió pagar la deuda de don Quijote. Cuando todos se quedaron tranquilos, el cura quiso terminar de leer la novela, porque vio que faltaba poco.

CAPÍTULO XVIII

DON QUIJOTE Y SANCHO VUELVEN A CASA

LLEVABAN ya dos días en la venta y les pareció que había llegado el momento de volver con don Quijote a su aldea. La princesa Micomicona ya era libre. Así que el cura y el barbero podían llevar al hidalgo como querían e intentar la cura de su locura en su tierra.

Lo que hicieron fue ponerse de acuerdo con un carretero[154] que pasaba por allí para llevarle en su carro[155]. A continuación, construyeron una jaula[156] de palos donde poder poner cómodamente a don Quijote. Luego, todos, también el ventero, se cambiaron la ropa para parecer otra gente diferente.

Después, entraron en silencio en la habitación donde don Quijote estaba durmiendo y descansando de las pasadas peleas. Se acercaron y le ataron muy bien las manos y los pies. Así que, cuando se despertó, no pudo moverse y se sorprendió muchísimo al ver unas caras tan extrañas.

Creyó que todas aquellas figuras eran seres de otro mundo que vivían en aquel castillo encantado. Y pensó que, sin duda alguna, él mismo ya estaba encantado porque no se podía mover ni defender.

Todo estaba ocurriendo como lo había pensado el cura. Solo Sancho se había quedado con su misma ropa. Aunque le faltaba poco para estar tan loco como su amo, nuestro escudero sabía quiénes eran todas aquellas extrañas figuras, pero no dijo nada. Antes quería ver cómo acababa todo aquello. Su amo tampoco hablaba palabra, pues también quería ver adónde le llevaba su desgracia.

Trajeron entonces la jaula, metieron dentro a don Quijote y la cerraron bien. Luego, llevaron la jaula en hombros y al salir de la habitación, se oyó una voz que daba miedo. Era el barbero que decía:

–¡Oh Caballero de la Triste Figura!, no te ofenda esta cárcel, porque es necesaria para acabar pronto esta aventura. Y tú, ¡oh el más obediente escudero!, no te pongas triste por ver así a tu amo, porque pronto te pagarán el sueldo que te ha prometido tu buen señor.

Don Quijote se quedó más tranquilo al oír esto. Luego, entre todos levantaron la jaula y la colocaron en el carro.

Cuando don Quijote se vio de aquella manera enjaulado y encima del carro, dijo:

–Yo he leído muchas y muy famosas historias de caballeros andantes. Pero nunca he leído, ni visto, ni oído que a los caballeros encantados los lleven tan despacio en un carro como este. Siempre los suelen llevar por los aires o encerrados en alguna oscura nube o en algún carro de fuego. Pero quizá la caballería de estos nuestros tiempos sigue otro camino diferente al antiguo. Y como yo soy nuevo caballero en el mundo, puede ser que existan otras clases de encantamientos y otras maneras de llevar a los encantados. ¿Qué te parece esto, Sancho hijo?

–Yo no sé lo que me parece –respondió Sancho–, porque no he leído libros de caballerías como vuestra merced. Pero puedo jurar que estos seres que andan por ahí no son muy católicos[157].

–¿Católicos? ¡Mi padre! –respondió don Quijote–. ¿Cómo van a ser católicos, si son todos diablos que han tomado cuerpos fantásticos para venir a hacerme esto? Y si quieres verlo, tócalos y verás cómo no tienen cuerpo, solo aire.

–Por Dios, señor –contestó Sancho–, yo ya los he tocado y este diablo de aquí tiene bastante carne.

Todas estas conversaciones pasaron entre amo y criado. Como los demás veían que Sancho estaba a punto de descubrirlo todo, decidieron hacer corta la despedida. El ventero puso rápidamente la silla a Rocinante y preparó el burro de Sancho.

Pero antes de mover el carro, salió la ventera, su hija y Maritornes a despedirse de don Quijote. Parecía que lloraban de dolor por su desgracia, pero era todo mentira.

–No lloréis, mis buenas señoras –dijo don Quijote–. Todas estas desgracias vienen porque soy famoso caballero andante. A los caballeros de poco nombre y fama nunca les ocurre nada, porque nadie se acuerda de ellos. Perdonadme, hermosas damas, si os he producido algún mal, porque lo he hecho sin querer. Y pedid a Dios que me saque de esta cárcel.

Finalmente, se despidieron todos. El cura y el barbero subieron al caballo y se pusieron a caminar detrás del carro. Sancho Panza iba delante de ellos sobre su burro y conducía a Rocinante. Don Quijote iba sentado en la jaula con las manos atadas y en silencio, como una estatua de piedra.

Y así, con aquel orden y silencio caminaron hasta dos leguas y llegaron a un valle. Al carretero le pareció que era un buen lugar para descansar y dar hierba a sus animales. Y así se lo dijo al cura y al barbero. Mientras esto pasaba, Sancho vio que podía hablar con su amo sin la presencia de estos. Se acercó a la jaula y le dijo a don Quijote:

–Señor, le quiero decir lo que pasa con su encantamiento. Aquellos dos que vienen así vestidos son en realidad el cura de nuestro lugar y el barbero. Yo imagino que han preparado este plan para llevarle porque le tienen envidia[158] a vuestra merced. Así que no va encantado, sino perdido y tonto. Y para que vea que es verdad lo que le digo, le quiero preguntar una cosa.

–Pregunta, hijo Sancho –respondió don Quijote–. Yo responderé a todo. Y sobre lo que dices, no lo creas de ninguna manera. Si ellos parecen ser nuestros amigos, es porque los que me han encantado han tomado esa forma. Para los encantadores es fácil tomar la figura que ellos quieren.

–¡Dios mío! –gritó Sancho–. ¿Y es posible que sea vuestra merced tan duro de cabeza y con tan poca razón? ¿No ve que es verdad lo que le digo? Pues yo le voy a convencer de que no va encantado.

–Acaba ya –dijo don Quijote– y pregunta lo que quieres. Ya te he dicho que te responderé a todo.

–Pregunto que si desde que vuestra merced está en la jaula, ha tenido ganas de hacer aguas mayores o menores[159], como suele decirse.

–No entiendo eso de hacer aguas, Sancho. Dilo más claro.

–¿Es posible que no entienda vuestra merced qué es hacer aguas menores o mayores? En la escuela es lo primero que enseñan a los muchachos. Pues sepa que quiero decir que si ha tenido ganas de hacer lo que no puede dejar de hacerse.

–¡Ya te entiendo, Sancho! Sí, muchas veces, y todavía ahora las tengo.

–¡Ah! –dijo Sancho–. Esto es lo que yo quería saber. Los que no comen, ni beben, ni duermen, ni hacen las obras naturales que yo digo están encantados. Pero no lo están aquellos que tienen las ganas que vuestra merced tiene, y que bebe cuando se lo dan y come cuando tiene algo, y responde a todo lo que le preguntan.

–Dices la verdad, Sancho –respondió don Quijote–, pero ya te he dicho que hay muchas maneras de encantamientos. Yo sé que voy encantado y esto es suficiente para mí.

–Pues, aunque así lo cree –dijo Sancho–, intente vuestra merced salir de esta cárcel y yo le ayudaré. Intente también luego subir sobre su buen Rocinante, y vayamos otra vez a buscar más aventuras.

Si esto no nos sale bien, siempre tendremos tiempo de volvernos a la jaula. Yo prometo encerrarme con vuestra merced si no es cierto lo que digo.

En estas conversaciones estaban el caballero andante y el *malandante* escudero, cuando se acercaron el cura y el barbero. Entonces, Sancho le pidió por favor al cura:

–Deje a mi señor salir un rato de la jaula porque si no le dejan salir, esa cárcel no va a estar tan limpia como debe estar para un caballero.

El cura le entendió y dijo:

–Sí, pero tengo miedo de que tu señor, al verse libre, escape y desaparezca para siempre.

–Yo le prometo que no escapará –respondió Sancho.

–De acuerdo, pero que él nos prometa como caballero –dijo el cura– no alejarse de nosotros.

–Sí prometo –respondió don Quijote, que lo estaba escuchando todo.

Como esto era así, le sacaron de la jaula y se alegró muchísimo. Lo primero que hizo fue saludar a Rocinante. Después, se fue a un sitio escondido y volvió más tranquilo al carro.

Después de seis días, llegaron a la aldea de don Quijote. Entraron a mediodía. El carro de don Quijote cruzó toda la plaza. Había mucha gente porque era domingo. Todos se acercaron a ver lo que venía en el carro. Cuando vieron a su vecino, se quedaron muy sorprendidos. Un muchacho fue corriendo a dar la noticia a su ama y a su sobrina: su tío venía muy delgado y amarillo, acostado sobre un montón de paja[160] y dentro de un carro. Daba lástima oír los gritos que daban las dos buenas señoras y las cosas que dijeron sobre los libros de caballerías.

La mujer de Sancho también los fue a recibir. En cuanto vio a su marido, lo primero que le preguntó fue que si estaba bien el burro. Sancho respondió que venía mejor que su amo.

–Gracias a Dios –respondió ella–. Pero contadme ahora, amigo, qué habéis ganado con vuestro oficio de escudero. ¿Qué vestido me traéis? ¿Qué zapatitos a vuestros hijos?

–No traigo nada de eso, mujer mía –dijo Sancho–, aunque traigo otras cosas de mayor importancia.

–Enseñadme esas cosas, amigo mío –respondió la mujer–. Las quiero ver para que se me alegre este corazón, que ha estado tan triste y descontento sin vos todo este tiempo.

–En casa os las enseñaré, mujer –dijo Panza–, y por ahora estad contenta. Cuando salgamos otra vez a buscar aventuras, pronto me veréis conde o gobernador de una ínsula.

–Ojalá lo quiera así el cielo, marido mío. Pero decidme qué es eso de *ínsulas*, porque no lo entiendo.

–Ya lo verás a su tiempo, mujer –respondió Sancho–. Solo te diré una cosa. Lo que más me gusta en el mundo es ser un buen escudero de un caballero andante buscador de aventuras. Aunque es verdad que de cien que encontramos, noventa y nueve salen mal. Yo lo sé por experiencia porque de algunas he salido manteado, y de otras, lleno de golpes.

Todas estas conversaciones tuvieron Sancho Panza y su mujer. Mientras, el ama y la sobrina de don Quijote le recibieron y le quitaron la ropa para acostarle en su antigua cama.

Nuestro pobre caballero las miraba con los ojos perdidos y sin entender en qué lugar estaba. El cura le explicó a la sobrina que debían tener cuidado porque don Quijote podía volver a escaparse otra vez. Aquí las dos levantaron de nuevo los gritos al cielo y volvieron a hablar mal de los libros de caballerías y de sus autores[161], por escribir tantas mentiras y disparates.

Parece ser que don Quijote salió por tercera vez de su casa y fue a Zaragoza. Y allí le pasaron cosas como merecían su valentía e inteligencia.

ACTIVIDADES

Antes de leer

1. Antes de leer la introducción de la obra en las páginas 4 y 5, intenta responder a estas preguntas. Después, léela y comprueba tus respuestas.
   a. ¿Qué sabes sobre el autor, Miguel de Cervantes? ¿En qué siglo escribió? ¿Conoces otras de sus obras? ¿Conoces algún dato sobre su biografía?
   b. ¿Qué sabes sobre esta obra que vas a leer, *Don Quijote de la Mancha*? ¿Cuántas partes tiene? ¿Conoces el nombre de sus protagonistas? ¿Sabes algo sobre su argumento y su intención?
   c. ¿Has leído alguna otra obra en español de esta época? ¿Conoces las formas de tratamiento *vuestra merced* y *vos*? ¿Con quiénes se utilizaban?

2. Lee el título de los capítulos en el índice de la página 3 y ojea las ilustraciones de la novela. ¿Conocías alguno de los episodios más famosos de la obra? ¿Te imaginabas así a los protagonistas? Coméntalo con tus compañeros.

3. Fíjate en el mapa de la página 6. ¿Conoces o has estado en alguno de los lugares que aparecen en la novela? Coméntalo con tus compañeros.

Toledo.

Molinos de viento en La Mancha.

Sierra Morena.

Durante la lectura

Capítulo I

4. 1 Escucha el capítulo y responde a estas preguntas.
   a. ¿Quién es el protagonista? ¿Cuál es su nombre y dónde vive?
   b. ¿Por qué se vuelve loco?
   c. ¿Qué decide hacer? ¿Qué prepara para ello?

5. Lee el capítulo y responde a estas preguntas.
   a. ¿Qué es un hidalgo?
   b. ¿Crees que es rico el protagonista? ¿Por qué?

6. Busca información sobre el Cid o sobre Amadís de Gaula y compártela con tus compañeros.

Capítulo II

7. Lee el capítulo y responde a estas preguntas.
   a. ¿De qué se da cuenta don Quijote al salir de su pueblo?
   b. ¿Qué cree don Quijote que son la venta, las mujeres que están en la puerta, el ventero, el ruido que hace el castrador y los arrieros?
   c. ¿Por qué les hace tanta gracia a las dos mujeres que están en la puerta de la venta que don Quijote las llame «doncellas»?

8. Explica con tus palabras estas profesiones: arriero, castrador y ventero.

9. Resume brevemente lo que le pasa a don Quijote con los arrieros.

Capítulo III

10. 3 Escucha el capítulo y escribe el final de cada oración.
    a. Don Quijote se da cuenta de que...
    b. Por eso decide...
    c. De camino a casa...
    d. Don Quijote quiere parar para...

11. Lee el capítulo y responde a estas preguntas.
    a. ¿Qué problema existe entre el labrador y su criado?
    b. ¿Qué solución propone don Quijote?
    c. ¿Crees que don Quijote ayuda realmente a Andrés?

12. Los «nombres parlantes» son muy frecuentes en la obra. ¿Sabes qué son? Busca uno en el capítulo y explica su significado.

Capítulo IV

13. 4 Escucha el capítulo y marca las afirmaciones verdaderas.
    a. Don Quijote decide tomar el camino hacia Toledo.
    b. Don Quijote encuentra en el camino a unos fabricantes de telas.
    c. Don Quijote se enfada porque no conocen a Dulcinea.
    d. Uno de los mozos tira a don Quijote al suelo.
    e. Don Quijote queda malherido.
    f. Esta es la primera vez en la novela que don Quijote pierde una pelea.

14. Lee el capítulo y define con tus palabras estos elementos.
    a. Mercader: ____________________
    b. Milla: ____________________
    c. Emperatriz: ____________________
    d. Tropezar: ____________________
    e. Cobarde: ____________________

Capítulo V

15. Lee el capítulo y completa el texto con las palabras adecuadas.

> Un labrador vecino de don Quijote lo (a)__________ malherido y lo lleva a su casa. Allí el ama, su sobrina, el cura y el barbero lo esperan preocupados. Para acabar con su locura, toman dos soluciones: (b)__________ todos sus libros de caballerías y cerrar la habitación en la que los guarda levantando una (c)__________. A don Quijote le van a decir que todo ha sido obra de un (d)__________.

Capítulo VI

16. (6) Escucha el capítulo y responde a estas preguntas.
    a. ¿Se cree don Quijote la explicación que le dan sobre la desaparición de sus libros?
    b. ¿Por qué acepta Sancho Panza ser su escudero? ¿Qué te dice eso del carácter de Sancho?
    c. ¿Qué otras cosas preparan para empezar su viaje?

17. Lee el capítulo. ¿Cuál es el nombre parlante que aparece en este capítulo? ¿A qué hace referencia?

18. Marca la palabra que no pertenece al mismo campo semántico.
    a. encantador, caballero, caballo, escudo, casco.
    b. alforjas, comida, bota, campo, camisas, pan.
    c. conde, marqués, rey, gobernador, hidalgo.

Capítulo VII

19. Este es uno de los capítulos más conocidos de la obra. Fíjate en la ilustración de la página 29. ¿Qué personajes y elementos reconoces?

20. (7) Escucha el capítulo y resúmelo brevemente.

21. Lee el capítulo. En él aparecen claramente enfrentadas las personalidades y comportamientos de don Quijote y Sancho Panza. Completa esta tabla.

Don Quijote	Sancho Panza
(a)________	duerme
no come	(b)________
(c)________	se quejará cuando sufra
valiente	(d)________
loco	(e)________

Capítulo VIII

22. 8 Escucha el capítulo y completa las oraciones.
    a. Mientras don Quijote y Sancho van por el camino, ven aparecer...
    b. Don Quijote piensa que son...
    c. Don Quijote decide...

23. Lee el capítulo y marca las afirmaciones verdaderas.
    a. Don Quijote va contra los frailes, que intentan escapar.
    b. Sancho cree que don Quijote ha ganado una batalla.
    c. El vizcaíno se enfrenta a don Quijote y gana la pelea.
    d. Don Quijote no sale herido.
    e. Sancho le vuelve a pedir la ínsula prometida a don Quijote.
    f. Sancho cree que no existe el bálsamo de Fierabrás.

Capítulo IX

24. 9 Escucha el capítulo y selecciona la opción correcta.
    1. Don Quijote se enfrenta a los arrieros porque…
        a. le han robado la comida.
        b. han golpeado a su caballo.
        c. no son caballeros andantes.
    2. En el enfrentamiento…
        a. los arrieros golpean a don Quijote y a Sancho, y huyen.
        b. don Quijote gana.
        c. Sancho ayuda a su amo.
    3. Antes de anochecer, los dos protagonistas…
        a. discuten por el camino y se separan.
        b. llegan a un castillo encantado.
        c. llegan a una venta.
    4. Después de este episodio, Sancho…
        a. está muy contento con el resultado de su viaje.
        b. empieza a no estar contento con sus aventuras.
        c. dice que ayudará a su amo cuando lo necesite.

Capítulo X

25. Lee el capítulo y escoge en cada caso la palabra adecuada para completar el resumen del capítulo.

> Cuando don Quijote y Sancho llegan a (a) la venta~el castillo, el dueño les ofrece un lugar para (b) dormir~comer. Don Quijote está muy (c) malherido~contento. Sancho le explica a Maritornes que su amo se ha (d) peleado~caído. Le dice que su amo es un caballero andante, pero ella (e) no lo escucha~no lo comprende.

26. Completa las oraciones.
    a. Don Quijote cree que han llegado a un castillo, pero realmente…
    b. Don Quijote imagina que la hija de los venteros es…
    c. Cuando llega Maritornes, don Quijote cree que…
    d. El arriero cree que don Quijote quiere…
    e. Sancho cree que tiene…
    f. El ventero cree que todo es culpa de…
    g. El cuadrillero cree que don Quijote está…

27. Comenta con tus compañeros el momento más divertido del capítulo.

Capítulo XI

28. Lee el capítulo y organiza las palabras en estas oraciones que lo resumen.
    a. un gigante y un moro encantado. ~ le explica ~ a Sancho ~ Don Quijote ~ que cree ~ que le han pegado
    b. y se queja ~ Sancho ~ cree ~ de su suerte. ~ su explicación
    c. El cuadrillero ~ el moro encantado. ~ golpea ~ a don Quijote, ~ otra vez ~ que cree ~ que es
    d. se cura ~ lo toma y ~ prepara ~ el bálsamo, ~ Don Quijote ~ cree que ~ con él.
    e. se pone ~ lo prueba y ~ Sancho ~ malísimo. ~ también
    f. de la venta ~ ir ~ sin pagar. ~ Don Quijote ~ se quiere
    g. que tampoco ~ a Sancho, ~ quiere ~ pagar. ~ Mantean

29. Busca en el diccionario qué es un «placebo». ¿Puedes relacionar ese concepto con algún elemento de este capítulo? ¿Por qué crees que funciona el bálsamo para don Quijote y no para Sancho? Coméntalo con tus compañeros.

Capítulo XII

30. 12 Escucha el capítulo, ordena los hechos y marca la afirmación falsa.
    - ☐ a. Don Quijote cree que son dos ejércitos.
    - ☐ b. Don Quijote decide pelear con el ejército más débil.
    - ☐ c. Sancho intenta ayudar a su amo.
    - ☐ d. Sancho descubre que sus alforjas han desaparecido.
    - ☐ e. Después de todo esto, Sancho sólo quiere ya volver a su casa.
    - ☐ f. Los protagonistas encuentran dos rebaños de ovejas.
    - ☐ g. El hidalgo termina malherido y sangrando.
    - ☐ h. Los pastores tiran piedras a don Quijote.
    - ☐ i. Don Quijote se lanza contra las ovejas.

31. Lee el capítulo. Para ti, ¿cuál es el momento más cómico de este capítulo? ¿Y de los que has leído hasta ahora? Coméntalo con tus compañeros.

Capítulo XIII

32. Este es otro de los episodios más conocidos de la novela. Fíjate en la ilustración de la página 65. ¿Qué lleva don Quijote en la cabeza? ¿Para qué crees que servía? Coméntalo con tus compañeros.

33. 13 Escucha el capítulo, léelo y escoge el texto que mejor lo resume.
    a. Don Quijote cree que el barbero de la bacía es un caballero con el yelmo de Mambrino. Va contra él, el barbero escapa, e hidalgo y escudero se quedan con la bacía.
    b. Don Quijote pelea contra un barbero que va montado en su burro, porque quiere conseguir su yelmo. Después de una batalla, el barbero queda malherido y huye.

c. Don Quijote y Sancho atacan a un barbero que se cruza por su camino para robarle su yelmo de oro porque quieren venderlo por algunos reales.

Capítulo XIV

34. Lee el capítulo y responde a las preguntas.
    a. ¿A quién encuentran los dos protagonistas por el camino?
    b. ¿Por qué quiere salvarlos don Quijote?
    c. ¿Le parece buena idea a Sancho? ¿Por qué?
    d. ¿Por qué van a galeras los dos primeros galeotes a los que pregunta don Quijote?
    e. ¿Termina bien para don Quijote la historia de los galeotes? ¿Por qué?

35. ¿Qué significa la expresión «no busque tres pies al gato» en el contexto de esta historia? Después, busca un contexto en el que la puedas usar.

36. ¿Conoces la novela española que se nombra en el capítulo, el *Lazarillo de Tormes*, que también tienes en esta colección Leer en Español? Busca información sobre ella y compártela con tus compañeros.

Capítulo XV

37. Lee el capítulo y escribe las preguntas a las siguientes respuestas.
    a. Para que no los encuentre la Santa Hermandad.
    b. Para enseñar a Dulcinea qué buen caballero es.
    c. Sí, la conoce y se sorprende mucho al saber quién es realmente.
    d. Quiere que Dulcinea sepa cómo sufre por su amor.
    e. Porque no quiere ver a su amo sufriendo y haciendo locuras.

38. ¿Cómo describe Sancho a Aldonza Lorenzo? Explícalo con tus propias palabras.

Capítulo XVI

39. Lee el capítulo. Marca las cuatro palabras que no existen y sustitúyelas por las adecuadas.

> Sancho va al Toboso a dar la mantirala a Dulcinea. En una venta, se encuentra con el cura y el barbero. Les cuenta las aventuras de don Quijote. El cura y el barbero deciden sacar a don Quijote de la sierra y llevárselo a su pueblo. Para eso, se visten de callonde y escudero. Pero encuentran a una hermosa moza que se llama Dorotea y le piden que se vista ella de gran señora. Ella acepta ser la saprunce Micomicona y convence a don Quijote para que se vaya con ella para ayudarla a ganar a un fimoliante.

40. Escoge la oración que mejor resume cómo termina la historia.
    a. Don Quijote decide regresar a su pueblo para encontrarse allí con Dulcinea.
    b. El barbero y el cura están preocupados porque no han conseguido que don Quijote abandone su penitencia.
    c. Sancho le explica a don Quijote que ha hablado con Dulcinea y este se pone muy contento porque su señora quiere verlo.

Capítulo XVII

41. 17 Escucha el capítulo, fíjate en la ilustración de la página 87 y descríbela.

42. Lee el capítulo y completa las oraciones.
    a. Don Quijote y los demás llegan a…
    b. Don Quijote se acuesta y los demás comentan…
    c. De repente, Sancho Panza los llama porque…
    d. El ventero supone que don Quijote…
    e. Entran en su habitación y encuentran a don Quijote…
    f. El ventero…

Capítulo XVIII

43. 18 Escucha el último capítulo de esta primera parte y completa el resumen.

> El cura y el ventero deciden llevar a don Quijote a su aldea. Construyen una (a)__________, meten al hidalgo en ella, y la ponen encima de un (b)__________. A don Quijote le dicen que está (c)__________. Sancho observa la escena, pero no se cree la historia del encantamiento. Intenta convencer a su amo de que es mentira, pero no lo consigue. Después de seis días, llegan a la (d)__________. La gente los mira sorprendida. La mujer de Sancho le pregunta a su esposo cómo está el (e)__________ y si ha traído regalos para ella y sus hijos. El ama y la sobrina de Quijote culpan de todo a los (f) __________. Finalmente, acuestan a don Quijote, que ha llegado a su casa cansado y mareado.

44. Lee el capítulo. En el último párrafo se hace referencia a la tercera salida de don Quijote que se cuenta en la segunda parte de la obra. ¿Te apetece leerla? ¿Qué aventuras esperan a don Quijote y a Sancho Panza? ¿Cómo acabará su historia? Coméntalo con tus compañeros.

Después de leer

45. Estos refranes y expresiones de la novela se siguen utilizando hoy en día. Elige uno, consulta las notas si es necesario, y escribe una oración en la que se pueda utilizar.
    a. En un abrir y cerrar de ojos.
    b. De la ceca a la meca.
    c. Quien canta sus males espanta.
    d. Pedir peras al olmo.

46. Vuelve a leer los títulos de los capítulos en el índice de la página 3 y ojea de nuevo las ilustraciones de la novela. ¿Qué capítulo te ha gustado más? ¿Por qué? Coméntalo con tus compañeros.

SOLUCIONES

4. a. Es un hidalgo de un pueblo de La Mancha que se llama Alonso Quijana, o Quijada o Quesada; b. Porque lee muchos libros de caballerías; c. Decide hacerse caballero andante. Para eso prepara sus armas, pone nombre a su caballo, a sí mismo y a su dama.
5. a. Un hidalgo es un noble de la clase más baja de la antigua nobleza castellana; b. No, no es rico. Lo sabemos porque nos explica el autor lo que come, la poca gente que trabaja en su casa, porque tiene que vender cosas para poder comprar libros, porque sus armas son viejas y su caballo, débil.
7. a. De que no ha sido armado caballero; b. Cree que la venta es un castillo; las mujeres, doncellas; el ventero, el señor del castillo; el ruido, música; y los arrieros, otros caballeros; c. Porque son prostitutas y «doncella» significa mujer virgen.
9. Don Quijote cree que los arrieros que se acercan al pozo para dar de beber a sus animales son caballeros andantes y como tocan sus armas, los golpea.
10. a. necesita dinero y un escudero; b. regresar a casa; c. escucha unas voces; d. ayudar al chico.
11. a. El labrador está enfadado con su criado porque ha perdido varias ovejas, y el criado está enfadado con su amo porque este le debe el sueldo de varios meses; b. Que el amo pague a su criado; c. No, porque el amo está todavía más enfadado con su criado y lo golpea más.
12. Los nombres parlantes son nombres o apellidos con otro significado. En este capítulo aparece Halduno, apellido del amo, que significaba listo y mentiroso.
13. Verdaderas: e, f.
14. Puedes consultar las definiciones en las notas.
15. a. encuentra/recoge; b. quemar; c. pared; d. encantador.
16. a. Sí; b. Porque quiere mejorar económica y socialmente, y ser gobernador de una ínsula. Parece que Sancho es un poco tonto, porque conseguir eso en aquella época era imposible; c. Don Quijote consigue algún dinero, camisas y un escudo, y arregla su casco. Sancho prepara su burro y sus alforjas.
17. Panza, el apellido de Sancho, que hace referencia a la gran barriga del escudero.
18. a. encantador; b. campo; c. gobernador.
19. Se ve a don Quijote y a Rocinante, su caballo, que son golpeados por las aspas del molino.
20. Don Quijote cree que unos molinos son gigantes y va contra ellos, aunque Sancho le aconseja que no lo haga. El hidalgo sale malherido de la pelea.
21. a. vela/no duerme; b. come; c. no se queja; d. cobarde; e. cuerdo/no loco.
22. a. a unos frailes vestidos de negro; b. encantadores que llevan a una princesa robada; c. ayudar a la princesa.
23. Verdaderas: a, b, e.
24. 1-b; 2-a; 3-c; 4-b.
25. a. la venta; b. dormir; c. malherido; d. caído; e. no lo comprende.

26. a. es una venta; b. la hermosa hija del señor del castillo, que se ha enamorado de él; c. es la hermosa hija del señor del castillo; d. acostarse con Maritornes; e. una pesadilla; f. Maritornes; g. muerto.
28. a. Don Quijote le explica a Sancho que cree que le han pegado un gigante y un moro encantado; b. Sancho cree su explicación y se queja de su suerte; c. El cuadrillero golpea a don Quijote, que cree que es otra vez el moro encantado; d. Don Quijote prepara el bálsamo, lo toma y cree que se cura con él; e. Sancho también lo prueba y se pone malísimo; f. Don Quijote se quiere ir de la venta sin pagar; g. Mantean a Sancho, que tampoco quiere pagar.
29. Un placebo es un producto que cura porque así lo cree el enfermo. El bálsamo de Fierabrás actúa como un placebo para don Quijote. Por eso funciona con él, y no con Sancho.
30. 1-f; 2-a; 3-b; 4-i; 5-h; 6-g; 7-d; 8-e. Falsa: c.
32. Es una bacía que utilizaban los barberos para mojar la barba del cliente antes de afeitarla.
33. a.
34. a. A unos galeotes que los llevan a las galeras; b. Porque van a galeras a la fuerza, contra su voluntad; c. No, porque se enfrentan a la Ley y al Rey; d. El primero por robar ropa y el segundo por robar animales; e. No, porque los galeotes se enfrentan a don Quijote, que les ha pedido que vayan al Toboso, y dejan malheridos a don Quijote y a su escudero.
35. Que los deje seguir su camino en paz, que no se busque problemas.
37. a. ¿Por qué se meten don Quijote y Sancho en Sierra Morena?; b. ¿Por qué quiere hacer penitencia don Quijote?; c. ¿Conoce Sancho a Dulcinea?; d. ¿Por qué envía don Quijote una carta a Dulcinea?; e. ¿Por qué se quiere ir rápidamente Sancho?
38. Fuerte y varonil.
39. mantirala = carta; callonde = doncella; saprunce = princesa; fimoliante = gigante.
40. c.
41. Don Quijote pelea dormido contra un gigante que en realidad son cueros de vino.
42. a. la venta donde ya habían estado; b. sus locuras; c. su amo está gritando y dando cuchilladas; d. ha roto sus cueros de vino; e. peleando dormido; f. se enfada mucho porque ha perdido su vino.
43. a. jaula; b. carro; c. encantado; d. aldea; e. burro; f. libros de caballerías.

NOTAS

Estas notas proponen equivalencias o explicaciones que no pretenden agotar el significado de las palabras y expresiones siguientes, sino aclararlas en el contexto de *Don Quijote de la Mancha I.*

m.: masculino, *f.:* femenino, *inf.:* infinitivo.

1 **valiente:** que no tiene miedo.
2 **hidalgo** *m.:* noble (que tiene un título dado por el rey) de la clase más baja dentro de la antigua nobleza castellana.
3 **lanza** *f.:* arma formada por un **palo** (ver nota 100) largo que termina en una punta de hierro cortante como un cuchillo.
4 **escudo** *m.:* arma que se toma por un brazo y sirve para proteger el cuerpo.
5 **rocín** *m.:* o **rocino**, caballo de trabajo.
6 **flaco:** delgado.
7 **galgo** *m.:* perro de cuerpo delgado y cabeza pequeña. Hay muchos en la Mancha.
8 **ama** *f.:* **criada** (ver nota 53) principal de una casa.
9 **mozo** *m.:* aquí, **criado** (ver nota 53), persona que realiza servicios domésticos.
10 **libros de caballerías** *m.:* novelas sobre las aventuras de los **caballeros andantes** (ver nota 15).
11 **barbero** *m.:* hombre que se dedica a cortar y arreglar el pelo, la barba y el bigote. En aquellos tiempos, además, realizaban algunos cuidados médicos.
12 **caballero** *m.:* hombre de la clase noble.
13 **se le secó el cerebro** (*inf.:* **secarse el cerebro**): se volvió loco.
14 **batallas** *f.:* peleas.
15 **caballero andante** *m.:* el **caballero** (ver nota 12) que busca aventuras por el mundo. Es el protagonista de los **libros de caballerías** (ver nota 10).
16 **fama** *f.:* opinión que la gente tiene de alguien.
17 **armadura** *f.:* traje de hierro con el que se visten los **caballeros** (ver nota 12) desde la cabeza hasta los pies para protegerse en las **batallas** (ver nota 14).
18 **visera** *f.:* parte del casco que protege la cara.
19 **espada** *f.:* arma que corta por los dos lados.
20 **Cid:** Rodrigo Díaz de Vivar, el Cid Campeador (1043-1099), es un personaje histórico, protagonista del famoso *Cantar del mío Cid*, poema de **autor** (ver nota 161) desconocido del s. XIII.
21 **Amadís:** Amadís de Gaula es el **caballero andante** (ver nota 15) protagonista del **libro de caballerías** (ver nota 10) del mismo nombre, de **autor** (ver nota 161) desconocido, escrito en castellano en el s. XIV.
22 **dama** *f.:* mujer de la clase noble y que acompaña a reinas, princesas o señoras y sirve en palacio o en casas importantes.

23 **alma** *f.:* centro del ser humano que en la religión cristiana nunca muere.
24 **gigante** *m.:* ser irreal mucho más alto y grande de lo normal que aparece en cuentos.
25 **singular:** cuando la **batalla** (ver nota 14) es cuerpo a cuerpo se habla de *singular batalla.*
26 **moza** *f.:* mujer joven, generalmente soltera.
27 **es armado caballero** (*inf.:* **ser armado caballero**): obtiene el título de **caballero** (ver nota 12) en una **ceremonia** (ver nota 48).
28 **secreto** *m.:* aquello conocido solo por muy pocas personas, que no se dice a nadie.
29 **corral** *m.:* zona abierta que está en la parte de atrás de las casas y que sirve normalmente para guardar animales.
30 **dar la vuelta:** volver.
31 **disparates** *m.:* cosas que se hacen o se dicen sin sentido.
32 **encantador** *m.:* persona con poderes sobrenaturales.
33 **sufro** (*inf.:* **sufrir**): siento daño.
34 **venta** *f.:* lugar donde antiguamente se podía dormir y comer. Las ventas estaban cerca de los caminos por donde pasaban los viajeros.
35 **de mala vida:** expresión que se utiliza con las mujeres que venden su cuerpo a los hombres.
36 **doncellas** *f.:* mujeres vírgenes.
37 **ventero** *m.:* dueño de una **venta** (ver nota 34).
38 **cuadra** *f.:* lugar donde se guardan los caballos.
39 **aldea** *f.:* pueblo pequeño con pocos vecinos.
40 **«Nunca hubo caballero…»:** Cervantes hace su propia versión de los versos que tenían como protagonista a Lanzarote, famoso **caballero** (ver nota 12) que servía al rey Arturo de Inglaterra.
41 **caña** *f.:* tallo de algunas plantas, generalmente largo y hueco.
42 **castrador** *m.:* hombre que tiene como oficio quitar los órganos sexuales a los animales.
43 **silbato** *m.:* instrumento pequeño que produce sonido cuando se sopla por él.
44 **se puso de rodillas** (*inf.:* **ponerse de rodillas**): puso las piernas dobladas sobre el suelo y apoyadas en las rodillas para expresar respeto.
45 **velar:** estar despierto para cuidar algo o a alguien toda la noche.
46 **pozo** *m.:* hoyo profundo que se hace en la tierra para sacar agua.
47 **arrieros** *m.:* hombres que llevan animales de carga de un lugar a otro.
48 **ceremonia** *f.:* acto que sigue determinadas reglas.
49 **escudero** *m.:* persona que acompaña a un **caballero** (ver nota 12), le sirve y le lleva las armas y el **escudo** (ver nota 4).
50 **labrador** *m.:* persona que tiene tierras y animales, y trabaja en el campo.
51 **rebaño** *m.:* conjunto de animales.
52 **defender:** proteger a alguien de un daño o de algo peligroso.
53 **criado** *m.:* persona que trabaja para otra y recibe por ello dinero, comida y cama.
54 **amo** *m.:* persona a la que sirve un **criado** (ver nota 53).
55 **Haldudo:** en aquel tiempo, listo y mentiroso.
56 **cada uno es hijo de sus obras:** expresión que significa que se puede ser **caballero** (ver nota 12) no solo por el apellido, sino también por los actos que cada uno realiza.
57 **castigaros** (*inf.:* **castigar**): poneros una pena por algo que habéis hecho mal.
58 **mercaderes** *m.:* personas que compran y venden cosas.
59 **millas** *f.:* medida igual a 1,6 kilómetros.
60 **Emperatriz** *f.:* mujer que gobierna un imperio (estado de gran extensión e importancia política y económica) o es esposa del emperador que lo gobierna.
61 **tropezó** (*inf.:* **tropezar**): se encontró con algo que le hizo caer.

62 **cobarde:** que tiene miedo, que no es **valiente** (ver nota 1).
63 **molino** *m.:* lugar donde se fabrica la harina con los cereales.
64 **burro** *m.:* animal más pequeño que el caballo, con largas orejas y normalmente de color gris.
65 **torres** *f.:* edificios muy altos.
66 **marqués** *m.:* noble que está entre el **duque** (ver nota 149) y el **conde** (ver nota 78).
67 **Urganda:** mujer con poderes que protegía a **Amadís de Gaula** (ver nota 21).
68 **salvar:** evitar un peligro, en este caso, el fuego.
69 **Panza:** barriga, sobre todo cuando se está gordo. Sancho Panza tiene una gran barriga.
70 **diablo** *m.:* personaje que simboliza el mal en la religión cristiana, el **enemigo** (ver nota 71) de Dios.
71 **enemigo** *m.:* persona que está en guerra con otra.
72 **Frestón:** o **Fristón**, sabio **encantador** (ver nota 32) del **libro de caballerías** (ver nota 10) *Don Belianís de Grecia*, escrito por Jerónimo Fernández en el siglo XVI.
73 **ínsula** *f.:* isla, en el español actual.
74 **empeñó** (*inf.:* **empeñar**): dejó algo (una joya, un mueble, etc.) como garantía de que iba a devolver el dinero que le habían prestado.
75 **ponerse en camino:** empezar un viaje, empezar a moverse.
76 **alforjas** *f.:* bolsas que sirven para llevar cosas en un caballo o en un **burro** (ver nota 64).
77 **bota** *f.:* bolsa pequeña de cuero, con forma de pera, que sirve para llevar vino.
78 **conde** *m.:* noble que está por debajo del **marqués** (ver nota 66) y del **duque** (ver nota 149).
79 **leguas** *f.:* medida igual a 5,5 kilómetros.
80 **aspas** *f.:* en un **molino** (ver nota 63) de viento, partes exteriores con forma de cruz o de «X», que giran con el viento.
81 **gloria** *f.:* buena **fama** (ver nota 16).
82 **Diego Pérez de Vargas:** personaje y episodio real que ocurrió en Jerez (1223), en tiempo del rey Fernando III.
83 **me quejo** (*inf.:* **quejarse**): digo algo por el dolor que siento.
84 **ofende** (*inf.:* **ofender**): hace o dice algo que molesta o falta al respeto.
85 **gente canalla y baja** *f.:* personas malas y de inferior clase social.
86 **vizcaíno:** en aquel tiempo, vasco, nacido en cualquier provincia del País Vasco.
87 **frailes de San Benito** *m.:* miembros de la orden religiosa de San Benito o Benedictinos, que suelen vestir de negro, por eso también se los conoce como «monjes negros».
88 **mulas** *f.:* animales que son hijas de **burro** (ver nota 64) y **yegua** (ver nota 99) o de caballo y burra.
89 **sorprendidos** (*inf.:* **sorprender**): que algo les producía sorpresa. En este caso, la figura de don Quijote y lo que decía.
90 **cautivo** *m.:* persona que no es libre, en este caso, por el amor a una mujer.
91 **mala lengua castellana y peor vizcaína** *f.:* Cervantes se ríe del castellano hablado por los vascos (que hablan vasco como primera lengua), como hacían, en aquellos tiempos, otros escritores.
92 **Vete, caballero, porque…:** Vete, **caballero** (ver nota 12), porque si no dejas el coche, te mato. Y esto es tan cierto como que tú estás ahora ahí.
93 **ofensa** *f.:* hecho o dicho que molesta o demuestra falta de respeto.
94 **¿Yo no caballero?...:** ¿Que yo no soy **caballero** (ver nota 12)? ¡Mientes! Si tiras la **lanza** (ver nota 3) y sacas la **espada** (ver nota 19), ¡verás qué pronto te convenzo! El **vizcaíno** (ver nota 86) es **hidalgo** (ver nota 2) por tierra, por mar y por el **diablo** (ver nota 70). Y mira que mientes si dices otra cosa.
95 **manchego:** nacido en la Mancha.
96 **merecía** (*inf.:* **merecer**): era justo recibir algo, ser **castigado** (ver nota 57) en este caso.

97 **bálsamo de Fierabrás** *m.:* bebida maravillosa que cura las heridas. Aparece en muchas novelas medievales y **libros de caballerías** (ver nota 10).
98 **reales** *m.:* monedas de plata de aquel tiempo.
99 **yeguas** *f.:* hembras del caballo.
100 **palos** *m.:* trozos alargados de madera.
101 **vengaremos** (*inf.:* **vengar**): responderemos de la misma manera a una **ofensa** (ver nota 93) o daño.
102 **bebida del feo Blas** *f.:* Sancho Panza dice mal el nombre del **bálsamo de Fierabrás** (ver nota 97).
103 **villano** *m.:* habitante de una población pequeña, villa o **aldea** (ver nota 39), que no es **caballero** (ver nota 12) ni **hidalgo** (ver nota 2).
104 **desgracias** *f.:* episodios que producen un gran dolor o daño.
105 **asturiana:** nacida en Asturias, comunidad autónoma del norte de España.
106 **pajar** *m.:* lugar en el que se guarda y conserva la **paja** (ver nota 160).
107 **cardenales** *m.:* manchas que se producen en la piel, generalmente por un golpe.
108 **pesadilla** *f.:* sueño que da miedo. En aquel tiempo, se creía que la pesadilla la producía una anciana que empujaba el pecho de la persona dormida.
109 **cuadrillero de la Santa Hermandad** *m.:* hombre de la policía, la Santa Hermandad, que en aquel tiempo iba por los caminos.
110 **manteamiento** *m.:* acción de levantar a una persona o cosa en el aire con una manta.
111 **jurar:** prometer algo delante de Dios u otra cosa.
112 **tesoro** *m.:* dinero o joyas guardadas.
113 **moro** *m.:* persona del pueblo del norte de África que habitó gran parte de España, desde el año 711 después de Cristo hasta 1492. En aquel tiempo, se decía que los **tesoros** (ver nota 112) escondidos solían estar guardados por moros encantados.
114 **en un abrir y cerrar de ojos:** expresión que significa rápidamente, en un instante.
115 **buen hombre** *m.:* en aquel tiempo, tratar a un **caballero** (ver nota 12) de *buen hombre* podía ser una **ofensa** (ver nota 93).
116 **majadero:** tonto.
117 **romero** *m.:* planta de hojas pequeñas y flores azuladas, que tiene un olor agradable. Se utiliza en medicina o en las comidas.
118 **mezcló** (*inf.:* **mezclar**): puso juntos.
119 **hacía la cruz** (*inf.:* **hacer la cruz**): dibujaba una cruz imaginaria con la mano sobre el cuerpo.
120 **vomitar:** echar por la boca lo que ya estaba dentro del cuerpo.
121 **sudar:** echar líquido por la piel.
122 **de la ceca a la meca:** expresión que significa ir de un lado a otro, de aquí para allí. La meca se refiere a la ciudad árabe de La Meca, centro religioso musulmán.
123 **Arremangado** (*inf.:* **arremangar**): con la ropa del brazo levantada.
124 **pastores** *m.:* personas que cuidan animales, sobre todo ovejas, al aire libre.
125 **dio mucho asco** (*inf.:* **dar asco**): le produjo una sensación desagradable, que puede hacer **vomitar** (ver nota 120).
126 **yelmo de Mambrino** *m.:* parte de la **armadura** (ver nota 17) que protege la cabeza y la cara. Según los **libros de caballerías** (ver nota 10), este es el yelmo encantado que perdió en una **batalla** (ver nota 14) un rey **moro** (ver nota 113) llamado Mambrino.
127 **brillaba** (*inf.:* **brillar**): producía luz.
128 **refranes** *m.:* frases de tradición popular que suelen llevar un consejo o una enseñanza.
129 **de par en par:** expresión que significa abierta totalmente.

130 **bacía** *f.:* plato hondo y grande que usaban los **barberos** (ver nota 11) para poner en agua la barba de la persona que iban a afeitar.
131 **Martino:** Mambrino. Sancho dice mal el nombre del dueño del **yelmo** (ver nota 126).
132 **galeotes** *m.:* hombres obligados a trabajar en las **galeras** (ver nota 134).
133 **cadena** *f.:* serie de trozos de hierro en forma de anillo.
134 **galeras** *f.:* barcos antiguos.
135 **quien canta sus males espanta: refrán** (ver nota 128) que aconseja no perder el buen humor ante los problemas o las **desgracias** (ver nota 104) de la vida.
136 **confesar:** decir algo que se había mantenido en **secreto** (ver nota 28).
137 **ducados** *m.:* monedas de oro de aquel tiempo.
138 **Ginés de Pasamonte:** el nombre de este personaje recuerda al del escritor Jerónimo de Pasamonte, al que seguramente conoció Cervantes. Algunos creen que es el **autor** (ver nota 161) de la falsa segunda parte de *Don Quijote de la Mancha*, conocida como *El Quijote de Avellaneda*, y a la que se refiere Cervantes en la segunda parte de su obra.
139 ***Lazarillo de Tormes:*** primera novela española picaresca (que describe la vida de los pícaros, personas pobres, sin oficio, pero inteligentes, que consiguen sobrevivir). Fue publicada en 1554, de **autor** (ver nota 161) desconocido, y cuenta las aventuras de un muchacho llamado Lázaro de Tormes.
140 **no busque tres pies al gato:** expresión que aconseja no hacer las cosas más difíciles de lo que son en realidad.
141 **pedir peras al olmo:** expresión que significa pedir algo imposible.
142 **echar agua en el mar:** expresión que significa hacer algo inútil.
143 **hacer penitencia:** hacer algo doloroso para eliminar una culpa y ser perdonado.
144 **despreciado** (*inf.:* **despreciar**): no querido y tratado mal por alguien.
145 **hecha y derecha:** expresión que significa fuerte.
146 **de pelo en pecho:** expresión que significa varonil. Se suele aplicar a los hombres, no a las mujeres.
147 **soy un burro** (*inf.:* **ser un burro**): expresión que significa que es poco inteligente. Popularmente se piensa que el **burro** (ver nota 64) es así.
148 **cabellos** *m.:* pelos de la cabeza.
149 **duque** *m.:* noble de la clase más alta.
150 **cueros** *m.:* pieles de animales secas que sirven para guardar líquidos, como vino o aceite.
151 ***Novela del curioso impertinente:*** cuento corto que Cervantes introduce entero en la versión original de la primera parte de *El Quijote*. Trata del peligro que hay en querer saber hasta dónde llega el amor de una mujer.
152 **cuchillada** *f.:* golpe de cuchillo o **espada** (ver nota 19).
153 **malandrín:** malo.
154 **carretero** *m.:* persona que conduce un **carro** (ver nota 155).
155 **carro** *m.:* vehículo de ruedas movido por animales.
156 **jaula** *f.:* caja hecha con **palos** (ver nota 100) para encerrar animales.
157 **no son muy católicos**: expresión que significa que no ofrecen seguridad.
158 **envidia** *f.:* tristeza, dolor o pena que produce en alguien el bien de otro.
159 **hacer aguas mayores o menores:** hacer caca o pis.
160 **paja** *f.:* hierba seca que sirve para alimentar a los animales.
161 **autores** *m.:* personas que inventan algo.